先生に なろう！

杉本明／川口潤子／三ツ本晴彦／土橋久美子

音楽編

Stylenote

はじめに

　音楽は、理屈では説明できないさまざまな感覚や感情を、私たちの心の中に伝えてくれます。「楽しい」「悲しい」「ゆったりとできる」「わくわくする」などなど、音楽と触れあうことで心が豊かになっていく経験は、だれもが持っていることでしょう。

　教育の現場に巣立っていくみなさんが、音楽教育をどのような観点から捉え、私たち人類が培ってきたこのすばらしい音楽文化を、教育の中でどのように実践していったらよいのか。さらに、子どもたちの感性に素敵な効果を与え、その効果を「生きる力」につなげていくことに必要な最低限の音楽材料はどのようなものなのか。私たち白百合女子大学音楽教育担当教員は長年にわたり研究してきました。その成果がこの『先生になろう！音楽編——保育士、幼稚園教諭、小学校教諭になるための音楽の基礎知識からリトミックを応用した指導法まで』です。

　このテキストは、3つの部で構成されており、それぞれ次のような内容になっています。

第1部
　Ⅰ．ウォーミングアップ
　Ⅱ．音楽の基礎知識
　Ⅲ．気持ちよくうたうために
　Ⅳ．楽器の活動
第2部
　Ⅰ．幼稚園・保育園・認定こども園の実習
　Ⅱ．幼児のためのリトミック
第3部
　Ⅰ．リトミックを応用した小学1年生の音楽
　Ⅱ．リトミックを応用した小学2年生の音楽

　この8つの題材を、「音楽全般」、「初等音楽科指導法」、「教育実習（幼・小）事前事後指導」、「保育内容演習（表現）」、「音楽演習（器楽）」といった目的別に使用することができます。

　それぞれに履修する内容に沿って、みなさんがスキルアップできるように考えられていますので、授業での参考資料としてはもちろんのこと、ご自身の音楽力の向上のためにも、普段の練習に取り入れて、模擬授業の立案や、指導案を作成するための参考にしてください。

　未来を担う子どもたちのために……

お知らせ
本書刊行にあたり、著作権者の連絡先の調査に努めましたが連絡先不明の楽曲が一部ありました。著作権者及び継承者の方におかれましては、弊社までご連絡賜りますようお願い申し上げます。

株式会社スタイルノート

もくじ

付　録

日本人が影響を受けた音楽教育

　ここに紹介するさまざまな音楽教育は、現在の幼稚園教育要領、保育所保育指針、小学校学習指導要領などに、いろいろな形で影響を与えてきたものです。そして、現在も研究者や教育者によって、これらについての実践研究が続けられています。

　それぞれの基本的な考え方を理解し、現場における音楽活動への理解を深めましょう。

1 ダルクローズのリトミック

　リトミックの創始者であるエミール・ジャック＝ダルクローズ（E. Jaques-Dalcroze、1865-1950）は、スイスの作曲家、音楽教育者です。彼は、音楽を特徴づけている要素（概念）は、筋肉運動感覚に置換することができると考えました。そして、リズムや拍子、フレーズなどを身体的な運動と結びつけ、内的聴取力の育成を目指す「リトミック」を考案しました。リトミックの主な原理は、教師の即興演奏を手がかりに学習者が「即時反応」する活動を通じて、感覚的なセンスを研ぎ澄まし、創造的な活動の中で心身の一致調和した状態を生み出すことにあります。彼は、子どもたちのリトミックの目的について、「かれらの過程が終了した時に、『私は知っている』ではなくて『わたしは感じ取った』と生徒が言えるようにし、自分自身を表現したいという欲求を心に育むことである」（エミール・ジャック＝ダルクローズ著『リズムと音楽と教育』全音楽譜出版社、1975）と述べています。

2 コダーイ・メソッド

　コダーイ・ゾルターン（Kodaly Zoltan、1882-1967）は、ハンガリーの作曲家、民族音楽学者です。コダーイは、子どもたちの音楽教育の出発点を、母国語の抑揚とリズムからなる自国のわらべうたや民謡に置くが大切であると考えました。そして、遊びのついた自国の歌をはじめ、移動ド唱法によるハンドサインによる合唱指導などをおこない、うたうことを中心に、音楽的な基礎力を育てようとしました。日本の音楽教育において「わらべうた」が大切にされる背景には、コダーイ・メソッドの影響があると考えられるでしょう。わらべうたは、音域が狭く、母国語の自然な抑揚やリズムから生まれたメロディと言葉を持ったあそび歌です。わらべうたは、子どもたちのさまざまな発達に大きな役割を果たしています。

③ オルフの音楽教育

　カール・オルフ（Carl Orff, 1895-1982）は、ドイツの作曲家、音楽教育者です。よく知られた作品に「カルミナ・ブラーナ」があります。彼は、子どもにとってふさわしい音楽は、「エレメンタールな音楽（Elementare Musik）」であり、それは、「音楽」「動き」「言葉」が一体になったもので、聞き役にまわるのではなく、自らが参加する音楽であると述べました。そして、エレメンタールな素材をもとに展開する、創造的な音楽教育を考えました。

　彼の教育作品『オルフ・シュールヴェルク　子どものための音楽』（全5巻）には、即興がしやすい5音音階（ペンタトニック・スケール）や、短いパターンを繰り返すオスティナート技法のほか、簡単な打楽器、子どもたちが安心して演奏できるように、使わない音板が取り外せる木琴や鉄琴など（オルフ楽器）が使われています。

④ スズキ・メソッド

　鈴木鎮一（すずきしんいち、1898-1998）は、長野県出身のヴァイオリニスト、音楽教育者です。彼の教育法は、日本よりも先に海外（アメリカ、カナダなど）において大きな注目を集めました。彼の教育理論は、「母語による教育」と言われています。母親が赤ちゃんに毎日いろいろな言葉を話しかけることによって、次第に子どもが母国語を話すようになっていく姿から、「人間は環境の産物である」ということに気づきました。また、学習は経験の繰り返しが重要であるとし、無理をさせるような難しい課題を与えるのではなく、子どもにあった課題を十分に繰り返し練習することによって、能力が育つと考えました。

　彼がヴァイオリニストであったことから、特にヴァイオリン教育において大きな影響を与えました。

⑤ 創造的音楽学習

　イギリスの作曲家、音楽教育学者であったジョン・ペインター（John Paynter, 1931-2010）らによって提唱された教育法です。創造的音楽学習の活動において、子どもたちは、自分で素材を選び、探求し、決定するというように、主体的、創造的に音楽に関わることが求められます。ペインターは、教師のつとめは、「生徒が考えを進めていくきっかけをつくり、自らの批判力や洞察力を発達させる手助けをすることである」と考えました。そして、生徒が、「音さがし」や「音づくり」「音楽づくり」を通して、さまざまな発見を繰り返す中で、音楽を構成する要素に気づき、現代音楽を含む多様な音楽観が拡大していくよう展開されます。

　1982年にジョン・ペインターとピーター・アストンによる『音楽の語るもの』の邦訳出版が、彼らの提唱する創造的音楽学習の日本への導入の契機となり、小学校学習指導要領にも大きな影響を与えました。

6 サウンド・エデュケーション

　マリー・シェイファー（R.Murray Schafer 1933– ）は、カナダの現代音楽の作曲家であり音楽教育者です。彼は、「サウンド・スケープ（音の風景）」という概念を提唱し、我々を取り巻くすべての音を1つの風景として捉えるとともに、まわりの環境を見つめなおし、人と音とがどのような関係にあるのかを探りました。彼の著書『サウンド・エデュケーション』には、「聞こえた音をすべて紙に書き出しなさい。時間は、2、3分でいい。聞こえた音のリストをつくろう」といった課題が用意されています。

　子どもたちには、身の回りの音への気づきを促し、音に対する興味・関心を育てることが大切だと考えました。園内、校内の「音探し」や、探した音を書き表す「音マップづくり」などの活動にその影響を見ることができます。

【参考文献】
『幼稚園教諭・保育士養成課程　幼児のための音楽教育』神原雅之・鈴木恵津子監修　教育芸術社　2015年
『特色のある音楽教育（子どもと音楽9）』木村信之・井口太編　同朋舎　1987年
『音楽の語るもの』ジョン・ペインター、ピーターアストン共著　1982年

「弾き歌い」について

1 なぜ、「ピアノの弾き歌い」を学ぶのでしょう？

　子どもたちの豊かな音楽活動を支えるために、現場では、「ピアノによる弾き歌い」が広くおこなわれています。ピアノが使われる理由には、音楽の特徴やニュアンス、速さなどが伝えやすい楽器であること、メロディラインが確認しやすいこと、集団を指導するのに十分な音量を持った楽器であるといったことなどが考えられるでしょう。

　「弾き歌い」の技術を身につけるには、時間がかかります。現場において、どのような「弾き歌い」が求められているのかをよく知り、効率的に学んでいきましょう。そして、リトミックや楽器活動、他の教材とのつながりを意識するようにしましょう。

2 経験差について

　勉強をはじめるみなさんのピアノ技術には、個人差があります。すでにピアノを学んだ経験のある人と、はじめて取り組む人とがいるからです。

　しかし、経験の有無にかかわらず、みなさんは子どもたちの教育に関わろうとする「仲間」です。助けあって学んでいきましょう。経験の少ない人は、経験のある人に実際に弾いてもらったり、困っているところを教えてもらったりしましょう。経験のある人は、経験の少ない人に手の動きを示したり、分担奏（右手、左手のどちらかを弾くこと）を引き受けて、いっしょに演奏したりしましょう。

　また、自分で弾きたい曲を見つけて挑戦し、経験を積んでいきましょう。

3 練習について

　まず、キーボード、あるいはピアノが使える場所を確保しましょう。早朝・深夜の練習には、ヘッドホンが使えると便利でしょう。周囲の方に音や振動で迷惑をかけないように配慮しましょう。

　できるなら毎日、30分〜40分の練習を続けましょう。一般的に、まとめて何時間も練習するより、30分〜40分程度の練習を繰り返しおこなうほうが効果があると考えられています。

④ 練習の方法

① 弾きはじめる前に楽譜を眺めましょう。

同じフレーズや同じ伴奏を探して印をつけてみましょう。長い曲の中には、しばしば同じパターンが繰り返されていることがあります。色鉛筆を使うのもいいですね。

② 右手のメロディを、ドレミでうたいながら、繰り返し練習しましょう。

よく弾けるようになったら、歌詞をつけてうたいながら弾いてみましょう。

③ 左手の伴奏を、ドレミで言いながら、繰り返し練習しましょう。

音が重なっている和音は、下の音から上の音へ、順に早口言葉のように唱えます。

④ 片手ずつの練習が十分にできたら、両手に挑戦しましょう。

「今日は、２小節だけ」あるいは、「今日は、１段目だけ」というように、目標を決めて少しずつ練習しましょう。

⑤「軽いハミング」で弾き歌いに挑戦しましょう。

フレーズの区切りでブレス（息を吸うこと）をしましょう。

⑥ ピアノを弾かずに、歌詞を声に出して読み込み、味わいましょう。

子どもたちに語りかけるように、情景をイメージしながら読みましょう。

滑舌をよくする方法に、ワインのコルクや、割り箸をくわえて話すトレーニングがあります。試してみましょう。

⑦ 歌詞をつけて弾きうたいをしましょう。

ピアノよりも声がよく聞こえることが大切です。繰り返し練習しましょう。

⑧ まわりの子どもたちや友だちと弾き歌いを楽しみましょう。

数人の友だちに子ども役をお願いして、そばでうたってもらいましょう。役割交代もしましょう。

5 弾き歌いのポイント

ポイント①　歌の流れを止めない

　子どもたちの表現を支えることが目的です。少々ミスをしても流れを止めず、大きく全体をまとめるようにしましょう。

ポイント②　ピアノよりも歌の言葉がよく聞こえるように演奏する

　弾き歌いの中心は、歌にあります。言葉がはっきりわかるよう発音し、心を込めてうたいましょう。ピアノ伴奏が大きすぎる場合には、ピアノの音量を控えましょう。

ポイント③　子どもたちのテンポにあわせる

　子どもたちがうたいやすい速さで弾きましょう。そのためには、友だちと同時に弾いてみたり、メトロノームにあわせたりして、他の人のテンポにあわせる練習をしておきましょう。

6 その他

Q. 音符が読めません。

A. 読譜アプリなどを使って、音符を読む練習をしましょう。

　読めるようになるまでは、鉛筆を使って「部分的に」ドレミを書き込んだり、和音を色分けしたりして、効率的に練習を進めましょう。

Q. 指使いって守らないといけないの？

A.「その人の手にとって効率的な使い方をすること」が原則です。

　無理のない範囲で楽譜に書かれた「基本的な指使い」を試みることは、偶発的な弾き間違いを減らし、のちのち、ピアノが弾きやすい手を育てることになるでしょう。

Q. 練習するのが苦手です……

A. たとえば、「今日は、右手だけ10回、左手だけ10回、1段目だけ両手で5回弾く」というように、無理のない練習計画を立てて練習するようにしましょう。

　「練習ノート」をつくったり、いっしょに練習をする「練習友だち」を見つけたりするのもいい方法ですね。演奏の動画なども有効に利用しましょう。

　子どもたちは、あなたとうたうことを楽しみにしています。子どもたちのそばで弾き歌いしている自分をイメージしながら、練習に取り組みましょう。

第1部
Ⅰ．ウォーミングアップ

執筆：川口 潤子

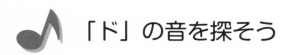 「ド」の音を探そう

ピアノの鍵盤には、「黒鍵2本」と「黒鍵3本」が交互にならんでいます。「黒鍵2本」の左下が「ド」です。

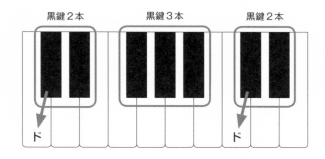

課題1
鍵盤の「ド」の音をできるだけたくさん見つけて、好きな指で弾きましょう。

1 「中央のド」を見つけよう

鍵盤の中央付近にあるのが、「中央のド」です。鍵盤の前にメーカー名が記されている場合はそのあたり、標準の88鍵を持つ鍵盤では、左から4つ目のドが「中央のド」です。「ドー」とうたいながら、「中央のド」を弾いてみましょう。

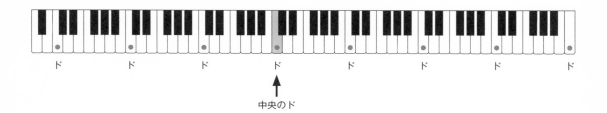

2 音階を弾いてみよう

「中央のド」を見つけたら、そこから白鍵を右方向へ順番に、次のドにたどりつくまで好きな指で弾いてみましょう。これで、「ドレミファソラシド」という音階が弾けました。

下記の楽譜と見比べながら、それぞれの位置を確認しておきましょう。

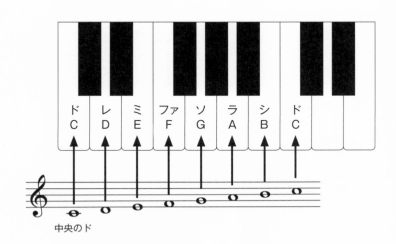

（課題2）

ドレミファソラシド、それぞれの音に、ハンドサインをつけましょう。音が高くなるにつれて、手の位置が高くなるように、「レ」のポーズと「ソ」のポーズを考え、書き入れましょう。

できたら、「ドレミ～」をうたいながら、ハンドサインをおこなってみましょう。

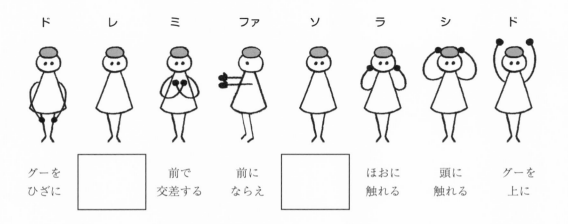

（課題3）

次の音を五線に書きましょう。

➡解答は 32 ページ

（課題4）

次の音を五線に書きましょう。

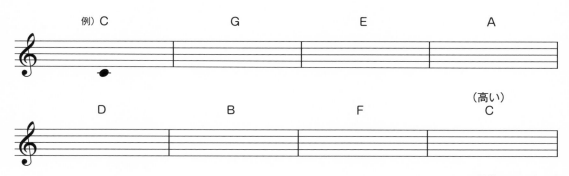

➡解答は 32 ページ

指番号を覚えましょう

右手、左手、どちらも親指から小指に向かって、1・2・3・4・5となります。

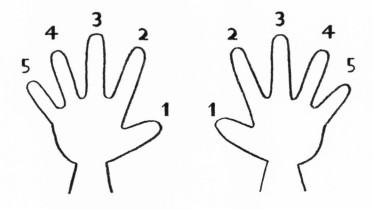

課題5

指あわせ

　両手を「いただきます」のようにあわせてから、両手首だけをつけ、花が咲いたような形をつくってください。そのまま、1から5までの数字を3つ言いながら、指あわせをしていきます。

　たとえば、「333ー」と言いながら、左右の3の指を3回、あわせます。続けて、「222ー」「234ー」「345ー」「151ー」……など、いろいろやってみましょう。

　グループでおこなう場合は、リーダーが、1から5までの数字を3つ言い、それを他の人が復唱しながら指あわせをするといいですね。役割交代もしましょう。

課題6

机で弾こう

　課題5でおこなったことを、今度は机の上でやってみましょう。ピアノを弾くように両手を机の上に構えておこないます。

メロディを弾いてみよう

　次の楽譜は、みなさんがよく知っている「かえるの合唱」のメロディです。楽譜に書かれた音符を、左上から1つずつ順番に人差し指で押さえながら、ドレミで読んでみましょう。

課題7
　課題2で考えたハンドサインをつけて、「かえるの合唱」をドレミでうたいましょう。

かえるの合唱

岡本敏明　作詞
ドイツ民謡

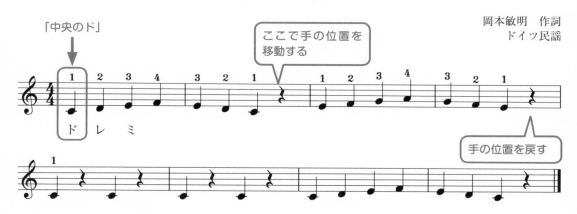

　次に、ドレミをうたいながら、右手でメロディを弾きましょう。

　まず、右手の親指（1の指）を「中央のド」にあわせます。
　1～2小節：ド（1の指）から順番にファ（4の指）の音まで弾いたら、ミ̇レ̇ド̇の順に戻ります。
　3～4小節：手の位置を右へ移動させて親指（1の指）をミの音にあわせ、ミ̇の音から1～2小節と同じ動きをします。
　5～6小節：手の位置を左へ移動して最初の位置（中央のドに1の指）に戻り、1の指で、ドの音を4回弾きます。
　7～8小節：1～2小節と同じです。

　「かえるの合唱」のメロディが聞こえてきましたね。次は左手で、伴奏にチャレンジしてみましょう。

「ドミソ」と「ソシレ」

左手で、「ドミソ」と「ソシレ」のコード（「和音」ともいう）を弾いてみましょう。

まず、「中央のド」のすぐ左側にある「ド」の位置で「ドミソ」を弾きましょう。ド（C）の音から1つずつ白鍵を飛ばして「ド・ミ・ソ」と押さえると、Cコードになります。

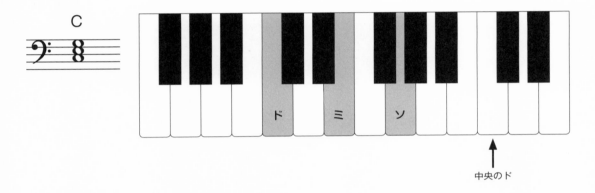

さらに、左方向へ手の位置をずらして、「ソシレ」を弾きましょう。ソ（G）の音から1つずつ白鍵を飛ばして「ソ・シ・レ」と押さえると、Gコードになります。

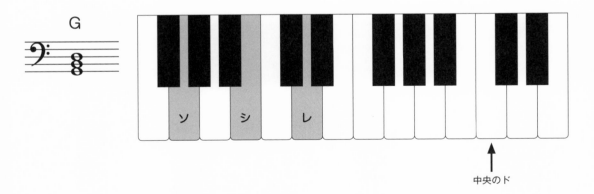

CコードとGコードを覚えておくと、いろいろな曲の伴奏ができるようになります。まずは、この2つのコードを覚えておきましょう。

両手で弾いてみよう

　右手で「かえるの合唱」のメロディを弾きながら、左手で伴奏をつけて弾いてみましょう。この曲で使うコード（和音）は、Ｃコード（ドミソ）だけです。

課題8

　メロディの音と和音を、線で結んでみましょう。左手で「ドミソ」を弾くタイミングがわかりやすくなりますね。

　右手でメロディを弾きながら、線で結んだタイミングにあわせて、左手で「ドミソ」のＣコードを弾きます。

かえるの合唱

岡本敏明　作詞
ドイツ民謡

　止まらずに弾けるようになったら、ピアノにあわせて「かえるのうたが〜」とうたってみましょう。
　子どもたちとうたう場合は、はじめに前奏を弾いてから、うたいはじめます。前奏は、子どもたちが気持ちよくうたい出せるようにするためのものです。「かえるの合唱」では、最後の２小節が前奏になります。子どもたちが目の前にいるつもりで、最後の２小節（楽譜に 前奏 と書かれた部分）を弾いてから、１小節めに戻り、「かえるの〜」とうたってみましょう。

「かえるの合唱」を使って、いろいろな形の伴奏を練習しましょう。

　左手Aは、「ドミソ」の「ド」だけを弾きます。これは、「単音伴奏」といいます。人差し指で弾くと、安定しますね。左手Bは、「ドミソ」のまん中の「ミ」を弾かないので、「中抜き伴奏」といいます。左手Cは、「アルベルティバス」と呼ばれています。左手Dは、「ドミソ」の和音を分けて弾く方法です。

　伴奏の形については、81ページでも説明しています。

左手A

左手B

左手C

左手D

🎼 ワンポイント・アドバイス 〜〜〜〜〜〜〜〜〜〜〜〜〜〜〜〜〜〜〜〜〜〜

　楽譜に書かれている「％」は、くり返しを示す記号です。この記号が書かれているところでは、直前の小節をくり返して演奏します。つまり、2〜7小節では、1小節めに書かれている伴奏をくり返し演奏し、最後の8小節めだけ、少し伴奏の形が変化しています。

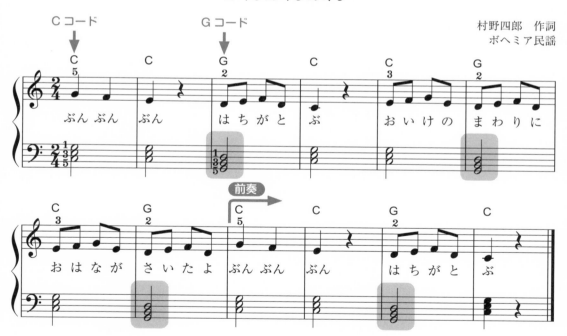

「ドミソ」と「ソシレ」で弾ける曲

Cコード（ドミソ）とGコード（ソシレ）だけで弾ける曲をいくつかあげてみました。

　楽譜の詳細については、次の「II．音楽の基礎知識」のページで説明をしています。ここでは、よく知っている歌を弾いてみながら、鍵盤に慣れていきましょう。

　15ページの「④ 練習の方法」も参考にしてください。

　すぐに弾けなくても大丈夫です。毎日くり返すことで、指がスムーズに動くようになっていきます。

　ピアノが得意な人に弾いてもらったり、インターネットを利用して動画を閲覧するなど、よい演奏を見てまねしてみるのも、上達のための1つの方法です。

ぶんぶんぶん

村野四郎　作詞
ボヘミア民謡

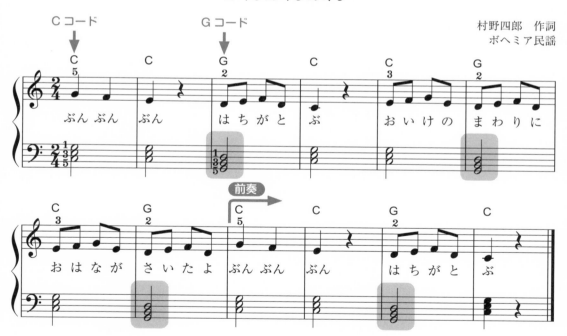

🎼 ワンポイント・アドバイス

　この曲には、同じメロディの繰り返しがあります。弾きはじめる前に「同じメロディ探し」をしましょう。同じところを見つけたら、同じ色でその部分を囲みましょう。きっと、「練習する量が減った」と感じることでしょう。

ちょうちょう

野村秋足　作詞
外国曲

♪ ワンポイント・アドバイス

　右手につられて「ちょーおっちょー」「とっまっれー」とならないようにしましょう。

　一度弾けるようになった曲は、集中しなくても弾けるようになるまで、繰り返し練習しましょう。また、慣れてきたら「ソレシレ」の部分を「シソレソ」の位置でも弾いてみましょう。

メリーさんのひつじ

高田三九三　作詞
アメリカ曲

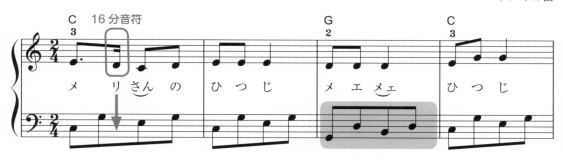

𝄞 ワンポイント・アドバイス 〜〜〜〜〜〜〜〜〜〜〜〜〜〜

　16分音符は、左手「ソ」の音のあとに弾きます。左手と右手を同時に弾くところと、ずれるところを意識しましょう。

ロンドン橋

高田三九三 作詞
イギリス曲

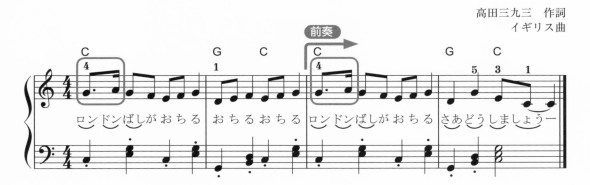

🎼 ワンポイント・アドバイス

　左手は、すべてスタッカートで（短く切って）弾いてください。「ロン<u>ド</u>ばしが〜」とうたうと、うたいやすくなります。

課題9

　「ロンドン橋」をうたいながら、リズムにあわせて歩いてみましょう。　□で囲んだタッカのリズム（♪♫）は、右足・右足、あるいは左足・左足というように、スキップしましょう。

22 ページ 課題3 の解答

22 ページ 課題4 の解答

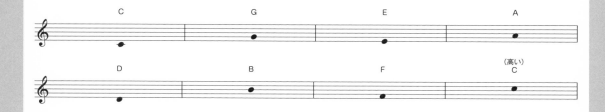

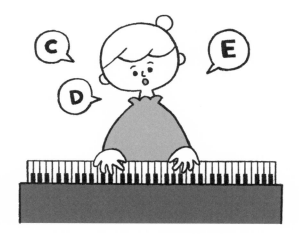

第1部

Ⅱ．音楽の基礎知識

執筆：三ツ本 晴彦

　これから弾き歌いに使用する楽譜には、いろいろな決まりごとがあります。この決まりごとを「楽典」といいます。ここでは、楽典の中でも、弾き歌いに必要となる基礎知識を紹介していきます。ピアノの音で確認しながら学んでいきましょう。

 # 五線譜の音と鍵盤

　音符と鍵盤の位置を示しました。これから弾き歌いをするのに必要となります。実際に鍵盤を指で押さえて音を出しながら、目と耳で確認しておきましょう。

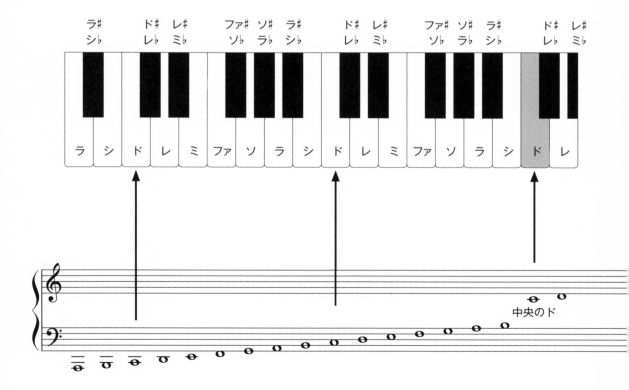

1 中央のド

ピアノの鍵盤のまん中に座ったときに、へそに一番近いドの音を「中央のド」といいます。

2 1オクターブ上で弾く

下の図の★印から上の音のように高い音を示す場合、*8va* ------┐を使って記されることがあります。この「*8va*」は「1オクターブ上で演奏する」ということを指示する記号です。

実際に演奏する高さ

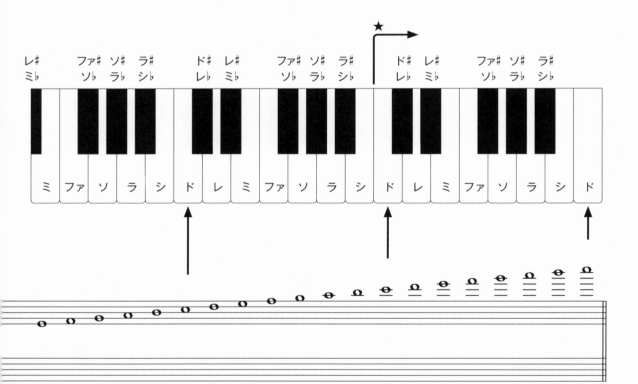

五線譜と音部記号

1 五線譜

五本の線と加線を用いて音の高さを表します。17 世紀ごろにこのような形になりました。

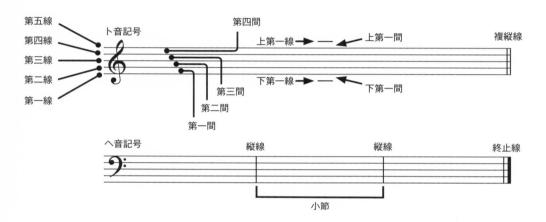

2 音部記号

	名前	
𝄞	ト音記号	第２線がト音であることを表す記号。高音部を表すときに使われる。アルファベットの「G」が変形したもの。
𝄢	ヘ音記号	第４線がヘ音であることを表す記号。低音部を表すときに使われる。アルファベットの「F」が変形したもの。

　音部記号の書かれている五線を「譜表」と呼び、ト音記号が書かれている五線を「高音部譜表（ト音譜表)」、ヘ音記号が書かれているものを「低音部譜表（ヘ音譜表)」といいます。

　高音部譜表と低音部譜表の二段がまえの譜表を「大譜表」といい、ピアノなど鍵盤楽器の楽譜に使われます。

音符と休符

1 音符と休符

音符	名前	長さ				休符	名前
𝅝	全音符					▬	全休符
𝅗𝅥.	付点2分音符						
𝅗𝅥	2分音符					▬	2分休符
♩.	付点4分音符						
♩	4分音符					𝄽	4分休符
♪.	付点8分音符						
♪	8分音符					𝄾	8分休符
♬	16分音符					𝄿	16分休符

2 付点音符

付点音符＝付点を取った音符の長さ＋その半分の長さ

    𝅗𝅥.（付点2分音符）＝ 𝅗𝅥 ＋ ♩

    ♩.（付点4分音符）＝ ♩ ＋ ♪

    ♪.（付点8分音符）＝ ♪ ＋ ♬

3 連符

3つや5つに割った音符を連符といいます。　♩ ＝ 三連符 ＝ 五連符

 拍子記号

「〇分の□拍子」のようにいいます。分母は「音符の名前（種類）」、分子は「その音符が１小節に入る数」を表しています。

拍子記号	読み方	
$\frac{2}{4}$	4分の2拍子	♩が1小節に2つ入る2拍子
$\frac{3}{4}$	4分の3拍子	♩が1小節に3つ入る3拍子
$\frac{4}{4}$	4分の4拍子	♩が1小節に4つ入る4拍子 ※ $\mathbf{C}$ は $\frac{4}{4}$ を表しています。
$\frac{3}{8}$	8分の3拍子	♪が1小節に3つ入る3拍子
$\frac{6}{8}$	8分の6拍子	♪を3つずつひとまとめにすると、1小節に♩.が2つ入る2拍子になる

音名

	ド	レ	ミ	ファ	ソ	ラ	シ
イタリア語	ド	レ	ミ	ファ	ソ	ラ	シ
日本語	ハ	ニ	ホ	ヘ	ト	イ	ロ
英語（米語）	C	D	E	F	G	A	B

　伴奏に使用するコードネーム（45 ページ参照）では英語の音名（C、D、E、F、G、A、B）を使うので、声に出して覚えましょう。

課題 1

　次の音を英語で声を出して読みましょう。慣れてきたら、実際にピアノの鍵盤を押さえながら、できるだけすばやく読んでみましょう。

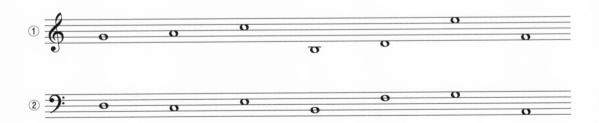

➡解答は 58 ページ

変化記号

幹の音を半音、あるいは全音上げたり下げたりする記号で、その小節内でのみ有効となります。

記号	呼び名	意味
♯	シャープ	半音上げる
♭	フラット	半音下げる
𝄪	ダブル・シャープ	全音上げる
♭♭	ダブル・フラット	全音下げる
♮	ナチュラル	もとの高さに戻す

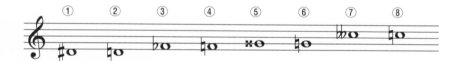

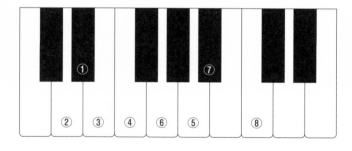

反復記号

演奏順：アイウエオウエオ

　‖:　　:‖の範囲を繰り返します。‖:が記されていない場合は、1小節めに戻ります。

演奏順：アイウエアイウオ

　2回めは、1番括弧をとばして2番括弧に進みます。

演奏順：アイウエオアイウ

　D.C.（ダ・カーポ）まで達したら、曲の冒頭に戻り、**Fine**（フィーネ）で終わります。

演奏順：アイウエオイウカキ

　D.S.（ダルセーニョ）まで演奏したら 𝄋（セーニョ）に戻り、to ⊕（トゥー・コーダ）から ⊕

Coda（コーダ）に飛びます。

音程

音程は、ふたつの音の高さがどのくらい離れているかを表します。2度や5度のように「度」で表します。同じ音どうしは「1度」といいます。

1度　2度　3度　4度　5度　6度　7度　8度

（課題2）

それぞれの音程を実際に鍵盤で弾いて、響きを聴いてみましょう。

1 3度音程

3度音程には、広い3度と狭い3度の2種類があります。3度音程は、このあとの「和音」の項で必要となるため、しっかりと覚えましょう。

広い3度は「長3度」

（鍵盤5コ）

狭い3度は「短3度」

（鍵盤4コ）

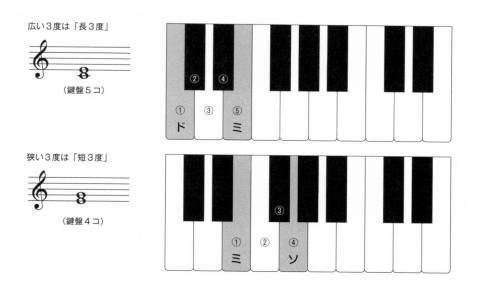

 和音

1 三和音

　ある音を基準にして、その3度上の音と、さらにその3度上の音を重ねたものを「三和音」といいます。和音の勉強をするときは、その3つの音を同時に鳴らした響きが基本となります。

　基準となる音を「根音」、根音から3度上の音を「第3音」、根音から5度上の音を「第5音」といいます。

2 三和音の種類

　三和音には、次の4種類があります。

課題3

　上の4種類の和音を弾いて、響きの違いを味わいましょう。

3 属七の和音

　三和音に根音から7度上の音を加えた、4つの音からなる和音を「七の和音」といいます。その中でも、長三和音に、さらに短3度上の音を足して4つの音にした七の和音を「属七の和音」といいます。

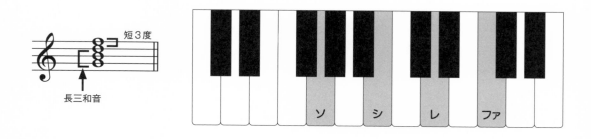

（課題4）

　次の三和音に短3度上の音を重ねて「属七の和音」をつくり、弾いてみましょう。

➡解答は58ページ

　またよく使われる七の和音として、短三和音に短3度上の音を足した「短七の和音」と、減三和音に短3度上の音を足した「減七の和音」があります。

　　短七の和音　　　　　　　　減七の和音
（短三和音＋短3度）　　　　（減三和音＋短3度）

コードネーム

　ズバリそのまま、「コード」は「和音」で、「ネーム」は「名前」です。根音を「C」「F」「G」のように英語読みで表します。そのあとに、和音の種類によって「m」や「7」などをつけ加えます。

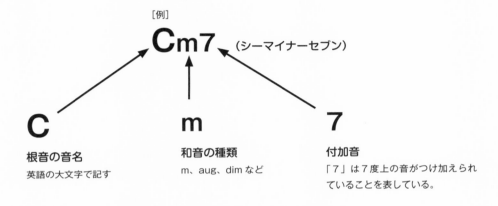

[例]

Cm7 （シーマイナーセブン）

C
根音の音名
英語の大文字で記す

m
和音の種類
m、aug、dim など

7
付加音
「7」は7度上の音がつけ加えられ
ていることを表している。

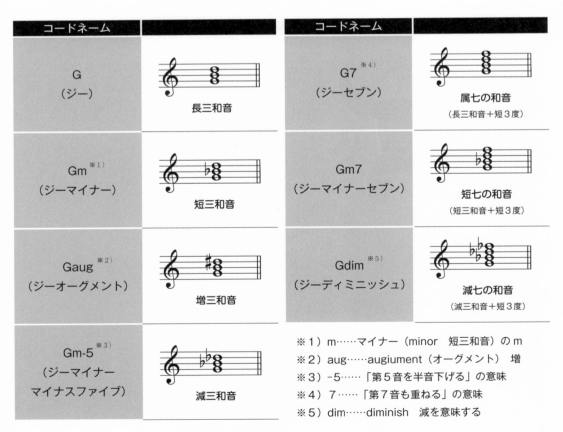

コードネーム		コードネーム	
G （ジー）	長三和音	G7 ※4) （ジーセブン）	属七の和音 （長三和音＋短3度）
Gm ※1) （ジーマイナー）	短三和音	Gm7 （ジーマイナーセブン）	短七の和音 （短三和音＋短3度）
Gaug ※2) （ジーオーグメント）	増三和音	Gdim ※5) （ジーディミニッシュ）	減七の和音 （減三和音＋短3度）
Gm-5 ※3) （ジーマイナー マイナスファイブ）	減三和音		

※1）m……マイナー（minor　短三和音）の m
※2）aug……augiument（オーグメント）　増
※3）-5……「第5音を半音下げる」の意味
※4）7……「第7音も重ねる」の意味
※5）dim……diminish　減を意味する

46

課題5

次の和音をコードネームで答えましょう。

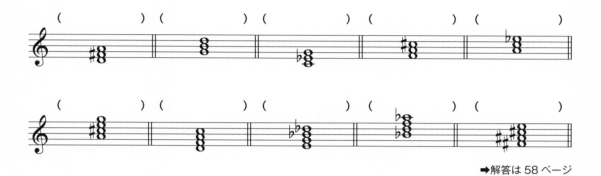

➡解答は 58 ページ

課題6

次のコードネームが表す和音を音符で書きましょう。

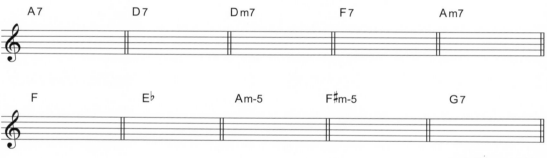

➡解答は 58 ページ

和音の転回形

　たとえば「ドミソ」の和音でも、一番下の音を何にするかによって、ニュアンスが異なります。

　根音を最低音に置いたものを「基本形」、第3音や第5音を最低音にしたものを「転回形」といいます。前後の和音のつながりから、転回形にすることが多いです。

　たとえば、Cコードの場合

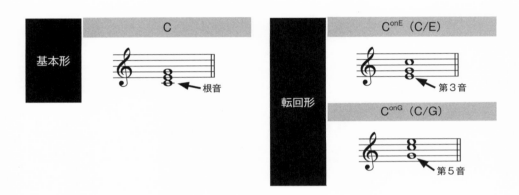

（課題7）

　次の和音を転回させましょう。

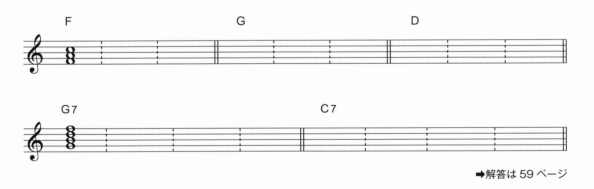

➡解答は59ページ

 音階

音階には「長音階」と「短音階」があります。

1 半音と全音

ピアノの鍵盤を見てみましょう。隣同士を「半音」といいます。そして半音2個分を「全音」といいます。

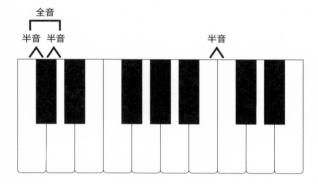

2 1オクターブ

「ド」から次の「ド」までのように、8度音程を「1オクターブ」といいます。

1オクターブ、たとえば「ド」からその上の「ド」までの中に、音はいくつあるでしょうか。数えてみましょう。

全部で12個の音があります。

③ 長音階

　この 12 個の音から 7 つの音を取り出して「全全半全全全半」という関係で並べたものを「長音階」といいます。

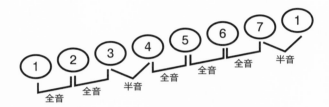

　ハの音からはじまる長音階を「ハ調の長音階」といいます。

④ 短音階

　短音階は、7 つの音の関係が長音階とは異なり、「全半全全半全全」となります。

　イの音からはじまる短音階を「イ調の短音階」といいます。

音階と調

⬚1 長調

　長音階でできている曲を「長調の曲」といいます。1オクターブには12個の音があるので、12種類の長音階がつくれることになりますが、まずは、子どもの歌によく使われる以下の5つの調を覚えて弾いてみましょう。

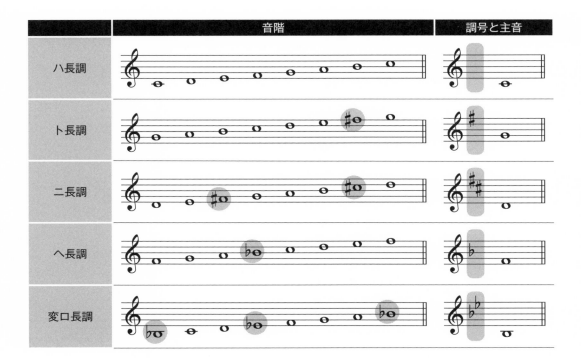

調号

　それぞれの音階で、「全全半全全」などの規則に従って音を並べた際に発生した臨時記号（♯や♭）を音部記号の右横にまとめて表記したものを「調号」といいます。

主音

　音階の一番はじめの音を「主音」といいます。

2 短調

短音階には、「自然短音階」「和声短音階」「旋律短音階」の3種類がありますが、和音の勉強をするときは「和声短音階」を使います。

また、「旋律短音階」のみ、上行と下行で音が違います。

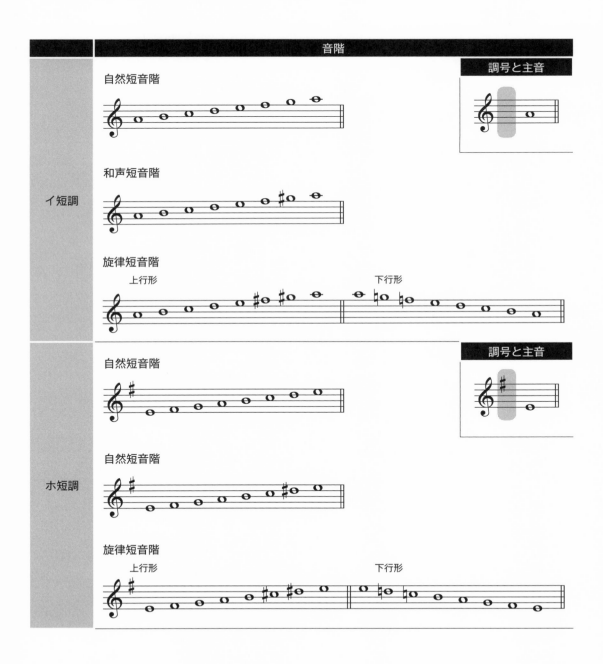

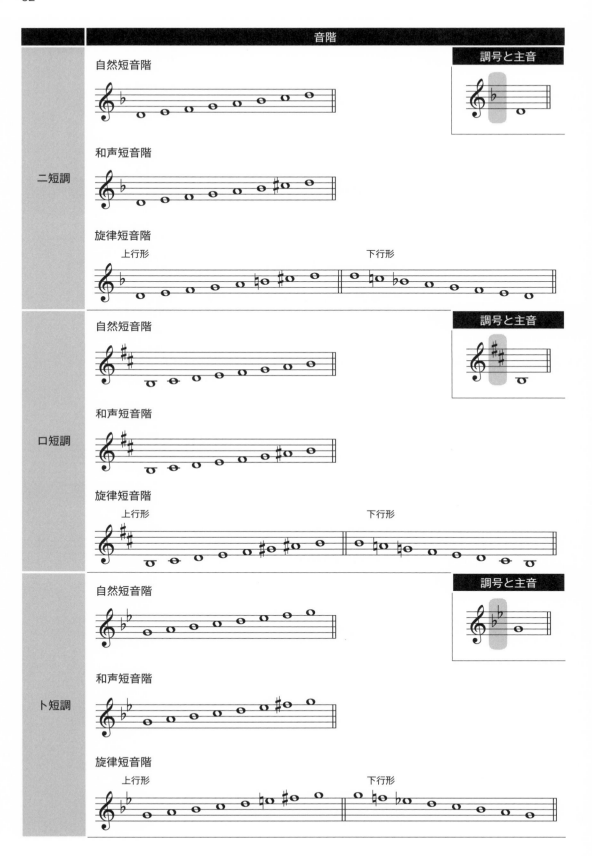

主要三和音

　ハ長調の音階の上に三和音をつくりましょう。これらの和音は、左から順に「Ⅰ度の和音」「Ⅱ度の和音」というふうに呼びます。

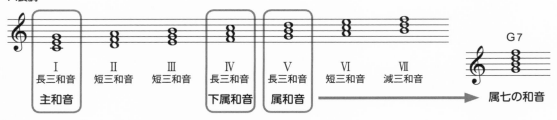

　1番目（Ⅰ度の和音、主和音）と4番目（Ⅳ度の和音、下属和音）と5番目の和音（Ⅴ度の和音、属和音）をあわせて「主要三和音」といい、属和音に第7音を足した属七の和音（ハ長調の場合はG7）とともに身につければ、たいていの曲の和音伴奏は大丈夫です。

（課題8）

　次のト長調の音階の上に、三和音をつくってみましょう。また、属七の和音も考えてみましょう。

➡解答は59ページ

（課題9）

　これらは、曲の終わりなどでよく使われる和音です。終わる感じを味わいながら弾いてみましょう。

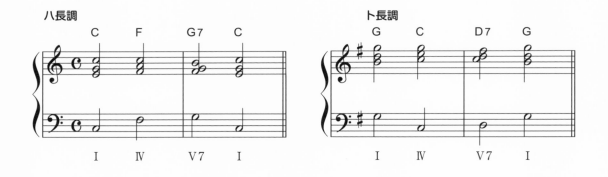

 転調

曲の途中で調が変わることを「転調」といいます。以下は、ハ長調ではじまって、途中でト長調になり雰囲気を変えています。

W. A. モーツァルト作曲　ピアノ・ソナタ Kv.545 より　第1楽章

課題10

インターネットなどを利用して、上にあげたモーツァルトのピアノ・ソナタの演奏を聞き、ハ長調からト長調に転調することで曲の雰囲気が変わる様子を味わいましょう。

移調

　曲全体をそのまま他の調に移すことを「移調」といいます。うたいやすい音域にするときに用います。

課題 11
　次のメロディを二長調に移調した楽譜を完成させましょう。

「森のくまさん」（アメリカ民謡）より

➡解答は 59 ページ

課題 12
　次のメロディをヘ長調に移調した楽譜を完成させましょう。

「うみ」（林 柳波作詞／井上武士作曲）より

➡解答は 59 ページ

音楽用語・記号

1 強弱に関するもの

用語・記号	読み方	意味
pp	ピアニッシモ	きわめて弱く
p	ピアノ	弱く
mp	メッゾ・ピアノ	やや弱く
mf	メッゾ・フォルテ	やや強く
f	フォルテ	強く
ff	フォルティッシモ	きわめて強く
cresc. ◁	クレッシェンド	だんだん強く
dim. ▷	ディミヌエンド	だんだん弱く
decresc. ▷	デクレッシェンド	
>	アクセント	
fz	フォルツァンド	一部分（一音）だけ強く
sf *sfz*	スフォルツァンド	
fp	フォルテ・ピアノ	強くそしてすぐ弱く
pf	ピアノ・フォルテ	弱くそしてすぐ強く

2 速度に関するもの

用語・記号	読み方	意味
rit.	リタルダンド	だんだん遅く
rall.	ラレンタンド	
accel.	アッチェレランド	だんだん速く
più mosso	ピウ・モッソ	今までより速く
meno mosso	メーノ・モッソ	今までより遅く
ritenuto	リテヌート	すぐに遅く
a tempo	ア・テンポ	もとの速さで

③ 奏法に関するもの

用語・記号	読み方	意味
tenuto	テヌート	音の長さを十分に保って
staccato	スタッカート	音を短く切って奏する
	タイ	同じ高さの2つの音符の長さを持続する
	スラー	なめらかに奏する
	フェルマータ	その音符、休符をほどよくのばす
gliss.	グリッサンド	鍵盤上を急速にすべらせる
tremolo	トレモロ	1つまたは2つの音を急速に反復させる
tempo rubato	テンポ・ルバート	テンポを自由に加減して奏する
m. d.	マーノ・デストラ	右手で奏する
m. s.	マーノ・シニストラ	左手で奏する
		拍手など打撃音を表す
ped.	ペダル	ペダルを使って　　（※ でペダルを離す）
una corda	ウナ・コルダ	ソフトペダル（左ペダル）を踏んで
tre corde	トレ・コルデ	ソフトペダル（左ペダル）を離して

39 ページ　課題 1 の解答

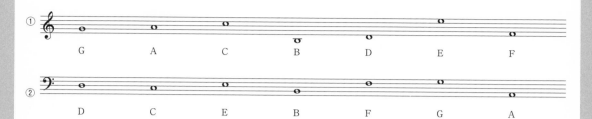

① G　A　C　B　D　E　F

② D　C　E　B　F　G　A

44 ページ　課題 4 の解答

46 ページ　課題 5 の解答

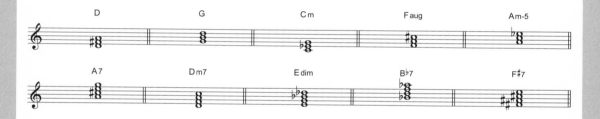

D　　G　　Cm　　Faug　　Am-5

A7　　Dm7　　Edim　　B♭7　　F♯7

46 ページ　課題 6 の解答

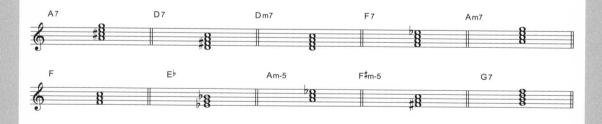

A7　　D7　　Dm7　　F7　　Am7

F　　E♭　　Am-5　　F♯m-5　　G7

47 ページ 課題 7 の解答

53 ページ 課題 8 の解答

I　　　　Ⅱ　　　　Ⅲ　　　　Ⅳ　　　　Ⅴ　　　　Ⅵ　　　　Ⅶ　　　　　　　　属七の和音
長三和音　短三和音　短三和音　長三和音　長三和音　短三和音　減三和音

 55 ページ 課題 11 の解答

二長調

55 ページ 課題 12 の解答

ヘ長調

Ⅲ．気持ちよくうたうために

執筆：三ツ本 晴彦

歌唱について

　「うたうこと」について何か助言するとするならば、当たり前かもしれませんが、指導する先生が本当に楽しそうにうたうこと、音楽する喜びを感じることに尽きます。何よりも音楽が好きな、うたうことが大好きな子どもを育ててください。そして、できれば歌の道を究めることにチャレンジしてみてください。小学校２年生の女の子の話ですが、「パフ」が気に入ってCDを買って聴いているうちに他の十数曲も全部覚えてしまい、CDをかけながら全部うたってくれました。色っぽいムード歌謡やフランス語の歌もありましたよ（脱帽！）。子どもは本当に好きになると驚くべき才能を発揮するものですね。

　さて、歌の勉強でなすべきことは次のとおりです。

1．まずは名優になったつもりで、歌詞を声に出してきちんと読めるようになりましょう。
2．小学校でうたう唱歌は文語体のものも多いので、言葉の意味や文化的背景を調べて、心を込めて暗唱できるようになりましょう。
3．メロディを正しい音程とリズムで、フレーズの終わりまでしっかりうたいきりましょう。
4．明瞭な発音と伸びやかな発声で歌のメッセージを伝えましょう。
5．練習のときから、目の前に子どもたちがいるつもりで語りかけるようにうたいましょう。

　さらに、子どもには変声期があり、指導するうえで注意が必要です。
　子どもは９〜13歳に声変わりをし、一般に半年から１年ほどで変声期は終わりますが、大人の声に落ち着くまで３〜４年かかるともいわれます。特に男子の場合は１オクターブ近く声が低くなり、声帯をコントロールする筋肉が不安定になるので、「かすれ声」になることも多く、また声がひっくり返りやすくなったり、すぐ喉が痛くなったりなど上手にうたえなくなります。これらのことを考慮して、音域の狭い曲を選んだり、あまり頑張らせないよう配慮が必要です。この時期に「高い声をもっときれいにうたって」などというと男の子たちはうたわなくなってしまいます。そして「汚い声」とか「変な声」など心ない言葉が飛び出す前に、子どもたちといっしょに「変声期」について考えるのもよいでしょう。

　発声に関しては、ある人と別のある人でまったく逆のアドバイスをする場合もあるので、ここでは述べることはできませんが、教師は声を使う仕事であり、大声を出しすぎて声を失う人も少なくないので、正しい発声を身につけることは声の健康上おおいに役立ちます。

　参考までに、声と呼吸について簡単に述べておきます。

声と呼吸

1 目指すべき声

　まずは、声がどのようにして出ているのかイメージしてみましょう。肺から上がってきた空気が気管を通り、声帯を振動させて鼻腔・咽頭・口腔などで共鳴させて声になります。そして、口の開き方・舌の位置や唇の形を変えることによって母音を、歯や喉の動きを交えて子音を発声します。

　さて、私たちが目指すのは、リズミックな子どもの歌から叙情的な唱歌までをうたいこなす声です。つまり、よく響くいきいきとした「伸びやかな声」と「明瞭な発音」ということになります。さらには大きい声から小さい声までをコントロールできる「柔軟な声」でしょう。

　具体的には、喉・口・鼻などの共鳴させる容積を大きくすることで「響き」を得て、腹式呼吸により肺からの空気量を自在に操りながら自然に吐かれた息に乗せて力まずに声を出すことを心がけましょう。

2 声帯

声帯は蛇腹状になっており息が通ると左右が近づき波動を起こして声となります。

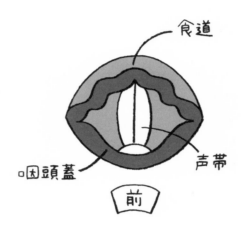

食べ物が喉から食道へ取り込まれるときには咽頭蓋で閉じられます。

外から見ると喉仏のやや下の部分にあります。男性の喉仏は飛び出しているのでわかりやすいですが、女性も注意深くなでてみるとわずかに出ているところがあります。触りながらつばを飲み込むと上がって、あくびをすると下がり、咽頭の位置を知る指針となります。

私たちは意識しなくても息を送ってあげれば自然と声帯は波立ち声が出るのです。

3 呼吸法

歌唱において大切なことの1つに「呼吸」があります。

呼吸には大きく分けると胸式呼吸と腹式呼吸の2つがあります。命に関わる危機のときには胸式呼吸がおこなわれますが、睡眠時や安静な状態のときには腹式呼吸になります。

胸式呼吸は胸郭（肋骨とその周辺の筋肉）を外へ広げて空気を取り込むのに対し、腹式呼吸は丸く盛り上がった横隔膜を押し下げることによって胸郭内部の圧力が

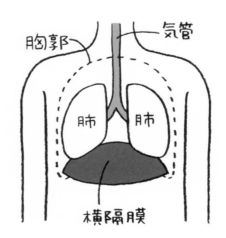

下がり空気が取り込まれます。胸郭の広がりは小さいですが、筋肉でできている横隔膜はより柔軟で、その下には臓器と腹膜があるだけで骨に囲まれていないのでダイナミックに動くことができるのです。そのため歌唱においては腹式呼吸が主体となります。

4 横隔膜

　歌唱においてもう１つ大切なのは「息の支え」です。

　胸郭には二股に分かれた気管支と左右２つの肺がありますが、その底のところが横隔膜です。丸く上に出っ張っている横隔膜は吸気とともにだんだん平らなお盆のような形になります。

　空気が取り込まれる（吸気）ときにはもちろんある程度のエネルギーが必要ですし、身体に緊張感を覚えます。一方息を吐く（呼気）ときには身体はリラックスしますが、無意識のうちにもとに戻ろうとするだけなのであっという間に肺に入った空気はなくなりしぼんでしまいます。

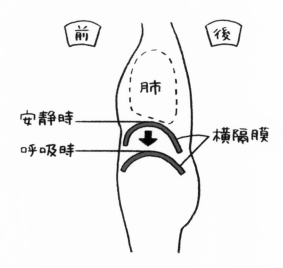

　この呼気をコントロールすることができれば支えられた呼気となり「息の支え」となるのです。つまり、膨らんだ胸郭と下げられ平らになった横隔膜がすぐにもとに戻らないように訓練すれば長いフレーズも楽にうたうことができるのです。

IV．楽器の活動

執筆：川口 潤子

　あなたは、どんな楽器を知っていますか？　どんな楽器を演奏したことがありますか？　どんな楽器に興味がありますか？

　幼稚園教育要領の領域「表現」の内容には、「音楽に親しみ、歌をうたったり、簡単なリズム楽器を使ったりする楽しさを味わう」とあります。ここでは、子どもたちの楽器活動の基本的な考え方や実践例について学びましょう。

発達にあわせた関わり

　子どもたちの発達にあわせた関わりを十分におこなうことが大切です。子どもたちは、心地よいコミュニケーションの中で音と出会うことによって楽しさを見いだし、音楽とともに成長します。

年　齢	発達のプロセス
0〜2ヵ月	・母親の話しかける言葉のリズムに同調して、手足を微妙に動かしたり発声したりする。
2〜4ヵ月	・音・声への注意、関心が起こり、音の出る玩具を持つことを好む。
4〜8ヵ月	・音の出る玩具を振ったり、たたいたりして音が出ることを楽しむ。
8〜12ヵ月	・バチを持たせると太鼓をたたく。 ・吹いて鳴らす楽器（笛やラッパなど）の音を出す。 ・卓上ピアノを鳴らす。 ・立てるようになると拍にあわせて腰や足を動かす。
12〜18ヵ月	・音楽を聴くと手をたたく、足踏みする、膝曲げするなど、全身でリズミカルに表現する。動作は、音楽にあわせるというより、自分がおこないやすく楽しめるリズムで反復する。 ・両手の協応性、指先の巧緻性が高まり、打楽器を中心に触れて試行錯誤を繰り返しながら自由に音を出す。 ・言葉に抑揚やリズムがつき、リズミカルな言葉を繰り返してうたい出す兆しが見られる。
18〜24ヵ月	・音楽に対してリズミカルな手足の動き（歩く、走る）ができる。 ・さまざまな楽器の操作方法をコントロールしながら自分流の音楽を創作する。
2〜3歳	・音楽の拍を感じて、楽器の音とあわせようとする。→集団での楽器活動へ
3〜4歳	・言葉や音楽のリズムにあわせて安定してリズム打ちができる。 ・音色への興味が増し、楽器でいろいろな音を出して楽しむようになる。
4〜5歳	・リズム楽器で応答的な合奏（まねっこあそび）ができる。 ・リズム遊び（リズム楽器をたたきながら歩くなど）を楽しむようになる。 ・大人の援助でゲームなどの集団活動ができる。
5〜6歳	・楽器の持ち方や打ち方の学習を、楽しんでするようになる。 ・簡単な旋律楽器での分担演奏や合奏ができるようになる。

（谷村宏子 2011 年 参照）

楽器を手にするまでの経験を大切に

　わらべうたあそびや、うたあそびを通して、「拍にノル」心地よさを十分に味わいましょう。そして、日常の呼びかけや絵本の中で、日本語の持つことばのリズムに親しんだり、動物や自然の音を大人といっしょに聴いたりしましょう。

　また、保育者といっしょにうたいながら手拍子や手あわせを楽しみましょう。これは、のちに楽器を打つことや、合奏することにつながる経験になります。

　手拍子や手合わせが楽しめるあそび歌については、90 〜 91 ページを参照してください。

　「とんとんとんとんひげじいさん」「むすんでひらいて」「あたまかたひざポン」「かれっこやいて」「手をたたきましょう」「しあわせなら手をたたこう」「おてらのおしょうさん」などには、打楽器の奏法に近い動きが含まれていますね。おすすめです。

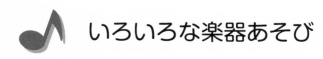

いろいろな楽器あそび

楽器活動には、拍にあわせた活動と拍感のない活動があります。
まず、拍にあわせた活動について考えてみましょう。

1 拍にあわせた楽器の活動

①音楽にのって、自分の好きな楽器を鳴らそう

　音楽にあわせて自由に鳴らし、好きな楽器を十分に楽しみます。「1番の歌詞のときは、この楽器の人だけが鳴らし、2番の歌詞のときは……」というように交代したり、クリスマスの歌には鈴だけを用意したりなど、音が生きるように工夫するのもいいですね。

②ことばにあわせてたたこう（2歳〜）

　うたいながら、1シラブル1打ちであわせます。

〈例〉　　き　ら　き　ら　ひ　か　る　　　お　そ　ら　の　ほ　し　よ
　　　　★　★　★　★　★　★　★　　　★　★　★　★　★　★　★
　　　（カスタネット）

〈おすすめの曲〉
　　・チューリップ　　・ちょうちょう　　・きらきらぼし　など

　歌でなくても、絵をみてたたくこともできますね。

「これなあに？」

〈例〉　　こ　と　り　　　　　ホッ　ト　ケー　キ　　　ブ　ロッ　コ　リー
　　　　★　★　★　　　　　★　　★　★　★　　　★　★　★　★

③オノマトペにあわせよう（3歳〜）

「どーんどーん」「チャチャチャ」などのオノマトペや、特徴ある言葉の部分に楽器を加えます。

〈おすすめの曲〉　・おおきなたいこ　　　　　・山の音楽家
　　　　　　　　　・ホ！ホ！ホ！　　　　　　・おもちゃのチャチャチャ
　　　　　　　　　・イップニップジャンプ　　・あわてんぼうのサンタクロース　など

④分担奏をしてみよう（3歳〜）

　1シラブル1打ち。先生の指揮をみて、途中で、違う楽器を持った友だちと交代します。つまり、自分が担当するフレーズのところだけ自分の楽器を演奏します。

〈例〉　さ　　い　　た　　　　さ　　い　　た　　　　チューリップ　　の　　は　　な　　が
　　　★　★　★　　　　★　★　★　　　　◇　　◇　　◇　　◇　　◇　　◇　　◇
　　（カスタネット）　　　　　　　　　　　　　（鈴）

〈おすすめの曲〉　・チューリップ　　・ちょうちょう　　・きらきらぼし　など

⑤あいの手を楽しもう（3歳〜）

　フレーズの合間のあいの手を、手たたきや楽器で入れてみよう。

〈おすすめの曲〉　・幸せなら手をたたこう（3歳でも）　　・ありさんのおはなし
　　　　　　　　　・楽しいね　　　　　　　　　　　　　　・ながぐつマーチ　　　　など

⑥オスティナートで合奏をしよう（3歳〜）

　オスティナートとは、短いパターンを繰り返す技法のことです。同じことを繰り返すため、子どもたちに負担が少なく、音楽にノル楽しさが味わえるという利点があります。

〈導入のポイント〉
1）耳や身体がなじむまで、その曲をうたったり、踊ったりする。
2）その曲を手拍子（オスティナートでなく拍打ち）しながらうたう。
3）ひざ打ち、足踏みをしたり、ペアで手あわせ遊びを考えたりする。
4）「リズムパターン」を手拍子でたたく。言葉をつけるとやりやすい。最終的には、言葉なしで。
5）「リズムパターン」がたたけるようになったら、楽器でおこなう。　※楽器の持ち方を指導する。

　オスティナート（＝リズムパターン）は、難しいほどよいというものではなく、その曲にあったものを選ぶことが大切です。途中でリズムパターンを変えたり、2つ以上のリズムパターンを組みあわせたりすることもできます。どの楽器の音色が効果的かについても工夫しましょう。

※参考資料：細田淳子著『わくわく音遊びで簡単発表会——手拍子ゲームから器楽合奏まで』（すずき出版）

⑦替え歌であそぼう（4歳〜）

　楽器あそびの歌をつくってみましょう。子どもたちとも楽しく取り組めます。

〈例〉「しあわせなら手をたたこう」のメロディを使って。

♪しあわせなら‥‥　　〜楽器鳴らそう　　　　〜カスタネットさん　　〜ギロ鳴らそう

〜タンブリンさん　　　〜すず鳴らそう　　　　〜みんなでね

〜○○ちゃん　　　　　〜やさしくね　　　　　〜大きくね　など

⑧楽器リレー（4歳〜）

・　輪になってイスに座り、1打ちずつ同じ速さで手拍子をリレーして回す。

　　※送る人のほうを向いて手拍子するとわかりやすい場合も。

・　先生の「ハイ」の合図があったら、反対回りに変えてリレーする。

・　手拍子を楽器に変えておこなう。　　※バリエーション：目を閉じてやってみる。

2 拍感のない楽器の活動

①雨の雲がやってきた！（4歳〜）

・　1人1つの楽器を持って、輪になって座り、「雨のお話」をきく。

・　先生と1人の子どもペアになってスカーフを広げ、雲に見立てる。輪になって座っている子どもたちの頭の上に、スカーフの雲がかかるようにしながら順に移動して歩く。

・　座っている子どもたちは、頭の上に雲が来たら、自分の楽器で雨の音を出す。

②どこから聞こえる？（4歳〜）

- ・ 子どもたちは、なるべく床に座る
- ・ 先生は、足音がしないように子どもたちの間を歩く。
- ・ 子どもたちは、音がどちらから聞こえてくるか目を閉じて聞きながら、音のするほうを指で示していく。
- ・「さぁ、目を開けましょう！」の合図で、指差した方向に先生がいるかどうかを見る。

③音の林を通り抜けよう（5歳〜）

- ・ 楽器を持った数人の子どもたちが、林の木々のように、教室の中に立つ。
- ・ 木の役の子どもたちが、楽器の音を静かに繰り返し鳴らす中、目を閉じた子どもたちは、木（楽器を持った友だち）にぶつからないように音の林を通り抜ける。

④絵の楽譜を音にしよう（5歳〜）

- ・ ギザギザの線、流れるような線、ぐるぐる渦巻、大きな点、ちいさな点、三角や星形など、いろいろな形が書かれた紙を見ながら音にしてみよう。どんな楽器や音があうだろうか？

　タンブリンやカスタネットなどの既成の楽器を使うのもよいですが、たとえば、カエルの声を貝殻で表現したり、波の音を空き箱と小豆で表現したり……など、いろいろなものを使って、音探しをするのも楽しいですね。

⑤効果音を考えよう（3歳〜）

- ・ お話にあわせて、楽器で効果音を加えてみよう。劇あそびで楽器を使ってみよう。

③ 手づくり楽器をつくろう（大人といっしょにやるなら３歳〜）

マラカス、カスタネット、カズーなどの楽器をつくったり、鳴らしたりしてみましょう。

〈実践例：カズー〉

カズーとは、アフリカを起源とする楽器で、膜鳴楽器の一種です。声がそのまま音に変化するため奏法が簡単で、子どもたちにとって負担のない旋律楽器といえます。

いろいろな手づくりカズーがありますが、下記は、その１例です。

カズー。手前に置かれている１ユーロ硬貨の大きさは、直径約2.3cm。
（Wikipedia より）
Martin Röll CC BY-SA 3.0

○手づくりカズーの材料

A4サイズのちらし、両面テープ、はさみ
シャラシャラしたビニール袋を４×４cm に切ったもの

○つくり方

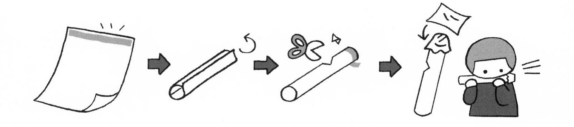

① A4のチラシの端に両面テープをつける。

②大人の親指が入る太さの筒をつくる。

③片方の端に両面テープを巻く。そこから５cmぐらいのところを押しつぶしてVの字にはさみを入れ、吹き口をつくる。

④シャラシャラのビニールを取りつければ、できあがり。吹き口に声を入れる。

（アイデア協力　東京家政大学　細田淳子）

○鳴らし方

筒を横にしてVの切り口に口をぴたりとつけ、息でなく声を入れて鳴らす。

言葉でしゃべったりうたったりしてみよう。また、アーやドゥーなどでうたってもよい。いろいろ試して遊びを考え出そう。

このカズーは、３歳ごろから十分に遊べますが、子どもたち自身がつくるのは難しいですね。手づくり楽器は、いつも子どもたちがつくるだけのものではありません。先生が前もってたくさんつくっておいて、子どもたちにたっぷり遊べる環境を用意するのもよいでしょう。

いろいろな楽器

　下には、さまざまな楽器の名前が書かれています。もし、知らない楽器があれば、みんなで手分けをして調べてみましょう。

- どの楽器を知っていますか？
- 音を聞いたことのある楽器はどれですか？
- 自分で音を出したことのある楽器はありますか？
- 一番高い音がする楽器は、どれだと思いますか？
- 一番低い音がする楽器は、どれでしょうか？

打楽器

タンブリン	カスタネット	鈴	トライアングル
ウッドブロック	クラベス	マラカス	ギロ
カウベル	シンバル		
小太鼓	大太鼓	ティンパニ	
コンガ	ボンゴ	ハンドドラム	
木琴	鉄琴	マリンバ	

木管楽器

フルート	オーボエ
ピッコロ	クラリネット
ファゴット	サクソフォーン
リコーダー	オカリナ

金管楽器

トランペット	トロンボーン
ホルン	チューバ

鍵盤楽器

鍵盤ハーモニカ	ピアノ
チェンバロ	オルガン
電子オルガン	

弦楽器

バイオリン	ビオラ
チェロ	コントラバス
ギター	ハープ

日本の楽器

こと	三線（さんしん）	三味線
尺八	しの笛	笙（しょう）
龍笛（りゅうてき）	ひちりき	
鉦（かね）	小鼓（こつづみ）	こきりこ
締太鼓（しめだいこ）	大太鼓	

その他の民族楽器

ケーナ	ガムラン
バグパイプ	レインスティック
カリンバ	口琴（こうきん）　など

楽器になるもの

石	貝　ネジくぎ
竹	紙　グラス
水	スーパーボールなど

第2部
Ⅰ．幼稚園・保育園・認定こども園の実習

執筆：土橋 久美子・川口 潤子

部分実習指導案について

　教育・保育実習には、観察実習、参加実習（本実習、責任実習などとも呼ばれる）があります。

　参加実習の期間には、園生活の中で部分実習、一日実習などもおこないます。その際、子どもの実態に即した指導案を作成し、実習をおこないます。ここでは、指導案の基礎的な書き方などをお伝えします。

　指導案を立てる際に重要なのは、計画の流れを考えることです。子どもたちがリラックスして、保育者の話を楽しく聞いたり、見たりすることができるように導入を考えていく必要があります。

　「導入」から「展開」へ、そして「まとめ」というような計画の流れをつくっていきましょう。

　指導案を立てる前に、事前に考えておくことがあります。以下の2点を押さえましょう。

（1）子どもの年齢や発達の状況を考える。そのときの興味・関心を示していることや保育場面、季節なども考えて選ぶようにする。

（2）保育活動のうち、いつの時間に設定し、どの場所でおこなうのか考える。活動にあたり、どのくらいの時間があるのか確認しておくこと。

指導案の書き方について

1 子どもの実態

指導案を立てる際に、そのときの子どもの実態を把握することが重要です。子どもの生活は流れています。子どもの実態は、過去形でなく、現在進行形で書きましょう。

・ 前日までどのような遊びをしていたのか。
・ クラスの様子はどうか。
・ 子どもの興味・関心は何か。

2 ねらい

ここのねらいは、〔幼稚園教育において（保育を通じて）育みたい資質・能力を幼児（子ども）の生活する姿から捉えたもの〕に留意して考えます。子どもの発達の方向性を示すものなので、子どもを主体としたものがねらいとなりますので、「子ども」が主語になるように考えましょう。

・ 子どもの何が育つのか。
・ 子どもにどのように感じてもらいたいか。

3 活動名

ここには、取り組む活動名を記入します。

4 時間

導入でどのくらいの時間がかかるのか、全体にどのくらいかかるのか、想定して時間を書きます。時間と、子どもの活動・保育者の援助と留意点の時系列をあわせるようにしましょう。

5 環境構成

　環境構成では、計画した活動をする際に必要な環境を書きます。まず、保育室内の環境（机、イスなど）を図で描きましょう。図は、定規を使ってていねいに描きます。環境図の下には、その環境図がどのような状態なのか、説明書きします。また、必要な教材（導入の際の教材や展開時に必要なもの）も環境に入るので記入します。

6 子どもの活動

　子どもの活動のところは、子どもの予想される動きを書きます。また、子どもの姿を具体的に予想したものも書いていきます。子どもの姿を予想して書いていくことで、保育者がどのように留意するべきか明確になります。

7 保育者の援助と留意点

　この部分は、子どもの活動とリンクします。保育者の働きかけによって、子どもたちがどのような反応を示すのかを想像し、そして、その姿から新たな援助と配慮を考えていきます。

・ 保育者の援助→子どもの姿を導く、保育者の動き。
・ 留意点→その保育者の動きをする際に、気をつけること、心に留めておきたい注意点。

　援助と留意点の区別をつけるのは難しいと思います。あなた自身、どのように動くのか、動きだけだったら「援助」。動くときにどんな気持ちで動くのか、動きについてくる心情・注意点を「留意点」として書いていきましょう。

コード伴奏の形

　コード伴奏とは、メロディ楽譜の上部に記入されたC、Gなどのコードネームによって、伴奏をつける方法です。ここでは、もっとも簡単な形を紹介します。曲の持つ雰囲気やメロディによって、伴奏の形を自由に選びましょう。

　たとえば、Gコードの場合

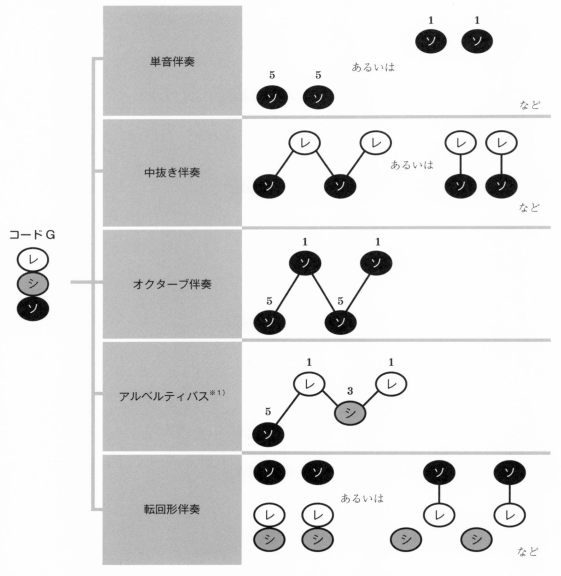

※1）アルベルティバスは、イタリアの後期バロック音楽の作曲家ドメニコ・アルベルティが愛用したと言われています。

歌「かたつむり」 **部分実習指導案**

○○○○年　6月26日（火）　　天候 雨	学籍番号：18○○○○　　　名前：土橋　久美子		
ゆり　組（3歳児）	男児：10名　／　女児：10名　　計　20名		
〈子どもの姿・実態〉 ・新しい環境に慣れ、安定して自分からしたい遊びを見つけ、楽しむ姿が見られる。 ・保育者の顔や名前を覚え、親しみをこめて話しかけてきたり、スキンシップを取りにきたりする姿もある。また友だちへの関心が出てきて、名前を覚え、ともに遊ぶ姿も見られるようになっている。	ねらい	・保育者や友だちと、いっしょにうたう楽しさを味わう。 ・元気にうたうことを通して安心感や解放感を感じる。 ・友だちや保育者との集いに興味を持つ。	
	主な活動	「かたつむり」をうたう。	
	準備	かたつむりのペープサート、ペープサートの台	

時間	環境の構成	予想される子どもの活動	保育者の援助（○）と留意点（・）
11：10	〈保育室〉 机　　ピアノ 保 （椅子の配置図） ・保育者を前に、馬蹄形に椅子を配置する。 ・保育者は、椅子に座った子どもの前に立つ。 ・保育者の後ろの机にはペープサートの台を置く。	○ 椅子に座る ・保育者の声かけにより集まる。	○ 椅子に座るように声をかける。 ・これからはじまることに興味が持てるよう全体に声をかけ、椅子に座ることを促す。
11：15		○ 保育者の話を聞く。 ・保育者が提示した、かたつむりのペープサートに話しかける。	○ 集まったことを確認し、話しはじめる。 ・今日の天気のことを話し、かたつむりのペープサートを効果的に出す。 ○ かたつむりの生態などについて話す。 ・かたつむりの特徴など、ペープサートを提示しながら、わかりやすく全体に伝える。
11：20		・ペープサートを見ながら、いっしょにうたおうとする。 ・保育者の真似をして、両手の人差し指を出しながらいっしょにうたう。	○ ペープサートを持って見せながら、無伴奏でうたう。 ・はじめはゆっくりのテンポで、発音をはっきりさせ、楽しい雰囲気でうたうよう心がける。 ・片方の手で、かたつむりの触覚を表現するような動きをする。
11：23	・ペープサートの台に、かたつむりを固定する。	○ 歌「かたつむり」をうたう。 ・うたいながら、手指を動かし楽しむ。	○ ピアノで伴奏をつけ、いっしょにうたう。 ・子どもの表情を見ながら、伴奏をつける。

	・歌を覚えて、自分なりの表現を楽しむ。	・子どもたちがうたいやすいように、弾くスピードに気をつける。
		・伴奏を間違えても、歌が途切れないようにする。
		・子どもが聴きとり易いよう、ゆっくり、はっきりと、音程よくうたう。
		・うたったあとの余韻を味わえるように、弾き終わる。
11：28	・ペープサートの台から、かたつむりを取る。	○ 保育者の話を聞く。 ・歌の感想を口々に話す。	○ ペープサートのかたつむりを手に取りながら、感想を伝えたり、子どもからの話しを共感したあと、担任保育者に引き継ぐ。
11：30			

かたつむり

文部省唱歌

中抜き伴奏

ワンポイント・アドバイス

　指が足りなくなったときは、「指くぐり」や「指またぎ」をして、続きの音を弾いていきます。そのときに、ひじを柔らかく使うと、なめらかに弾くことができます。

あそび歌「くいしんぼゴリラのうた」 部分実習指導案

○○○○年　5月10日（金）　天候　晴れ	学籍番号：18○○○○　　　　　名前：土橋　久美子		
すみれ　組（3歳児）	男児：10名／女児：10名　　　計　20名		
〈子どもの姿・実態〉 ・新しい園生活の環境に慣れ、自分の好きな遊びを見つけて遊びはじめる姿が多くなっている。 ・保育時間が延び、お弁当の時間が増えることを楽しみにしている姿が見られ、おままごとなど、保育者といっしょに楽しむ姿が見られる。	ねらい	・身体を動かしながらうたう楽しさを味わう。 ・保育者や友だちと、いっしょにうたう喜びを感じる。 ・さまざまな食べ物に関して興味を持つ。	
	主な活動	あそび歌「くいしんぼゴリラのうた」をおこなう。	
	準備	「くいしんぼゴリラのうた」のエプロンシアター	

時間	環境の構成	予想される子どもの活動	保育者の援助（○）と留意点（・）
13：25	〈保育室〉 机　ピアノ 保 ・保育者を前に、馬蹄形に椅子を配置する。 ・保育者は、椅子に座った子どもの前に立つ。 ・保育者は、「くいしんぼゴリラのうた」のエプロンシアターを身につけておく。	○ 椅子に座る ・保育者の声かけにより集まる。	○ 椅子に座るように声をかける。 ・これからはじまることに興味が持てるよう全体に声をかけ、椅子に座ることを促す。
13：30		○ 保育者の話を聞く。 ・保育者の出す動物クイズに張り切って答えを言う姿がある。 ・答えを当て、近くの友だちと喜ぶ姿が見られる。	○ 集まったことを確認し、話しはじめる。 ・身につけているエプロンの動物を当てるクイズをする。 ・ゴリラに興味を持つように紹介し、これからゴリラがいろいろなものを食べることを話す。
13：33		○ 保育者がうたうあそび歌「くいしんぼゴリラのうた」を聞く。 ・ポケットから出た食べ物に反応し、食べたことがあることを保育者に伝える。	○「くいしんぼゴリラのうた」を紹介し、エプロンシアターを操作しながらうたう。 ・はじめはゆっくりのテンポで、楽しい雰囲気でうたうよう心がける。 ・エプロンについているゴリラの動作を大きくしながら、明るくうたう。 ・歌の中に出てくる擬音は楽しそうに軽やかに身振りをつけながらうたうようにする。 ・ポケットから、スムーズにバナナなど食べ物を出すようにする。

| 11：40 | | ○ あそび歌「くいしんぼゴリラのうた」をうたう。
・保育者の擬音を真似て、いっしょに身振りをつけてうたう。
・うたいながら保育者の真似をして楽しむ。 | ○ 歌にあわせて、身体や腕を動かしていくことを提案し、いっしょにうたう。
・子どもが体を動かしやすいようにうたうスピードに気をつけ、動作を大きくつけてうたう。
・聞き取りやすいよう、ゆっくり、はっきりと、音程よくうたう。
・最後のタマネギを出すところは、表情豊かにうたったり話したりする。 |
| 11：45

11：30 | | ○ 保育者の話を聞く。
・歌の感想を口々に話す。
・歌に出てきた食べ物について知っていることをうれしそうに話す。 | ○ いろいろなものを食べることが楽しみになるように、子どもたちの好きなものを聞いてみる。
・歌に出てきた食べ物を手に取り、食べ物の特徴などを話したり、どんな味がするか話してみる。 |

くいしんぼゴリラのうた

阿部直美　作詞
おざわたつゆき　作曲

単音伴奏

ワンポイント・アドバイス

☐で囲んだ部分は弾きにくいので、2回♫と弾かずに、1回（8分音符♪）にして弾くと、弾きやすくなります。

歌「山の音楽家」 部分実習指導案

○○○○年　11月9日（金）　天候　晴れ		学籍番号：18○○○○　　　　　名前：土橋　久美子	
すみれ　組（4歳児）		男児：10名／女児：10名　　　計　20名	
〈子どもの姿・実態〉 ・秋の運動会が終わり、気のあう友だちを誘って、リレーをしたり、鬼ごっこをしたりする姿が見られる。 ・クラス全体でおこなう活動に意欲的に取り組む姿が多くなり、製作や運動遊びなどできたことを喜び、満足感を味わう姿が見られるようになってきている。		ねらい	・保育者や友だちと、いっしょにうたう楽しさを味わう。 ・元気にうたうことを通して充実感を感じる。 ・歌に出てきた楽器に興味を持つ。
		主な活動	「山の音楽家」をうたう。
		準　備	歌の内容のパネルシアター、パネル板

時間	環境の構成	予想される子どもの活動	保育者の援助（○）と留意点（・）
13：25	〈保育室〉 机　　ピアノ 保 ○○○○○○○ ○○○○○○○○ ・保育者を前に、馬蹄形に椅子を配置する。 ・保育者は、椅子に座った子どもの前に立つ。 ・保育者の後ろの机には、パネル板をセットする。	○ 椅子に座る。 ・保育者の声かけにより、集まる。	○ 椅子に座るように声をかける。 ・これからはじまることに、興味が持てるよう、全体に声をかけ、椅子に座ることを促す。
13：30		○ 保育者の話を聞く。 ・保育者の出す動物クイズに張り切って答えを言う姿がある。 ・答えを当て、近くの友だちと喜ぶ姿が見られる。	○ 集まったことを確認し、話しはじめる。 ・パネル板にいくつか影絵になった絵人形を出し、動物当てクイズをする。 ・出てくる動物に興味を持つような話し方をする。
13：35		・パネル板の絵人形を見ながら、いっしょにうたおうとする。 ・楽器の擬音を真似て、いっしょに身振りをつけてうたう。	○ 動物が出てくる歌を紹介し、絵人形を持って見せながら、最初、無伴奏でうたう。 ・はじめはゆっくりのテンポで、発音をはっきりさせ、楽しい雰囲気でうたうよう心がける。 ・楽器の擬音は楽しそうに軽やかに身振りをつけながらうたうようにする。

13：40		○ 歌「山の音楽家」をうたう。 ・うたいながら、楽器の真似をして楽しむ。 ・保育者の先読みの歌詞を覚え、楽しそうにうたうことを楽しむ。	○ ピアノで伴奏をつけ、いっしょにうたう。 ・子どもの表情を見ながら、伴奏をつける。伴奏を間違えても、歌が途切れないようにする。 ・子どもたちがうたいやすいように弾くスピードに気をつけ、歌詞を先読みしながらうたう。 ・子どもが聴きとり易いよう、ゆっくり、はっきりと、音程よくうたう。 ・うたったあとの余韻を味わえるように、弾き終わる。
13：48 13：55 14：00		○ 保育者の話を聞く。 ・歌の感想を口々に話す。 ・知っている楽器を自慢げに話す姿がある。	○ パネルシアターの絵人形を手に取りながら、感想を伝えたり、子どもからの話しに共感したりする。 ・歌で出てきた楽器の絵人形を手に取り、楽器を使う面白さがわかるように楽器の特徴などを話す。

山の音楽家

水田詩仙　作詞
ドイツ民謡

[使用コード]

ワンポイント・アドバイス

　□で囲んだ部分には左手をつけず、右手だけで弾くとリズムがきれいに引き立ちます。また、五線の上の小さな音符は単音伴奏のリズム変化を表しています。チャレンジしてみましょう。

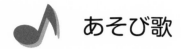 あそび歌

1 あそび歌の意義

　あそびと歌が一体となったものを「あそび歌」といいます。「あそび歌」には、手あそび、指あそび、歌あそび、リズムあそび、わらべうた、のほか、広くは、体操やダンスなどが含まれています。

　「あそび歌」のテーマは幅広く、領域「表現」だけでなく、他の領域にも密接に関係しています。また、「幼児期の終わりまでに育ってほしい10の姿」を育成するにふさわしい児童文化財の1つといえます。

　「あそび歌」は本来、子ども同士や家庭、地域の中で伝承されるものでした。しかし現代は、少子化、核家族化、遊び場の減少などの影響により、園や学校以外での集団生活が希薄になるなど、環境が大きく変化してきています。教育・保育現場の「あそび歌」は、このような子どもたちを取り巻く社会環境を補う役割があります。

　また、「あそび歌」は、子どもたちが楽しむだけではありません。いっしょにおこなう私たち保育者、保護者にとっても、子どもを育てる喜びや癒しを感じる活動になっていることは、大切にしていきたい側面です。

2 あそび歌の練習

　子どもたちといっしょにおこなうことをイメージしながら、練習をしましょう。

① 目的を考えて選曲しましょう。
② 発達段階を考えて選曲しましょう。楽譜に記入されている年齢は、目安と考えましょう。なぜなら、同じ歌でもあそび方を変えることができますし、2歳児がジャンケンポン！といって、1本の指を出して楽しむこともできるからです。
③ 最終的には、伴奏なしでうたうことが基本ですが、音程が不安定な人は、ピアノなどで正しい音程を確認しながら練習しましょう。
④ 言葉やリズム、動きが、表情豊かに、わかりやすく伝わるようにしましょう。
⑤ 鏡の前でやってみたり、友だち同士でやってみたりしましょう。

　あそび歌は、あそぶための歌です。そのままうたうだけでなくて、いろんな風に発展させましょう。また、いつも大人が支えるあそび歌だけではなく、「子ども同士でいつのまにか広がっていくようなあそび歌」や「環境」についても、考えていきましょう。

3 レパートリーをふやそう

いろいろな方法でレパートリーを増やしましょう。年齢は、目安だと考えてください。

♪ 2歳～
・とんとんとんとんひげじいさん
・げんこつやまのたぬきさん
・おおきなくりのきのしたで
・むすんでひらいて
・こぶたぬきつねこ
・あたまかたひざポン
・かれっこやいて
・さよならあんころもち

♪ 3歳～
・手をたたきましょう
・グーチョキパーでなにつくろう
・さかながはねて
・しあわせなら手をたたこう
・パンやさんにおかいもの
・ちいさなにわ
・おてらのおしょうさん
・おせんべやけたかな

♪ 4歳～
・おべんとうばこのうた
・じゅうにんのインディアン
・カレーライスのうた
・やきいもグーチーパー
・おおきくなったら
・なべなべそこぬけ
・かごめかごめ
・おちゃらかほい

♪ 5歳～
・線路はつづくよどこまでも
・アルプス一万尺
・みかんの花咲く丘
・茶つみ
・だいくのキツツキさん
・でんでらりゅうば
・十五夜さんのおもちつき

♪ 広い場所でやろう
・あぶくたった（3歳～）
・じゃんけん列車（4歳～）
・猛獣狩りにいこう（4歳～）
・お誕生日なかま（4歳～）
・ボディパであそぼう（5歳～）

♪ その他、私のレパートリー

生活の節目にうたう歌

　「毎日の生活の節目に同じ歌をうたうことは、音楽を使って子どもの行動を押しつけ、管理することになるのではないか」という考えから、「そのような歌はうたわない」という園があります。一方、「共同生活の節目を意識し、安心するためにも同じ歌をうたうことは、悪くない。音楽の一側面だ」という考え方の園もあります。音楽が子どもたちにどのように影響しているかを考えることは、大切なことです。

　また、このあとに紹介する「おはよう」「おべんとう」「おかえりのうた」「さようならのうた」は、いずれも転回形の和音による伴奏になっています。コードごとに色を変えて囲むなど、練習しやすいように工夫をしましょう。

転回形伴奏

おはよう

増子とし　作詞
本多鉄麿　作曲

指使いに注意

前奏

指使いに注意

オクターブ

[使用コード]

C　F　G7

♪ ワンポイント・アドバイス

　合理的な指使いで弾くことは、ピアノを弾くための指を育てることにもなります。間違いやすいところには、マークをつけ、ゆっくり繰り返し練習しましょう。

転回形伴奏

おべんとう

天野　蝶　作詞
一宮道子　作曲

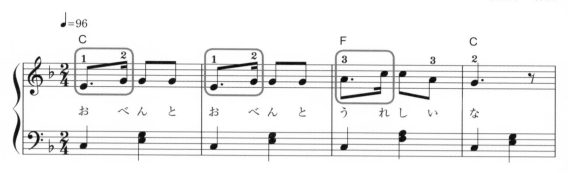

[使用コード]

🎼 ワンポイント・アドバイス

　歌をうたいながら、リズムにあわせて歩きましょう。□で囲んだタッカのリズム（ ♪♪ ）は、右足・右足、あるいは左足・左足というように、スキップしましょう。

おかえりのうた

転回形伴奏

天野　蝶　作詞
一宮道子　作曲

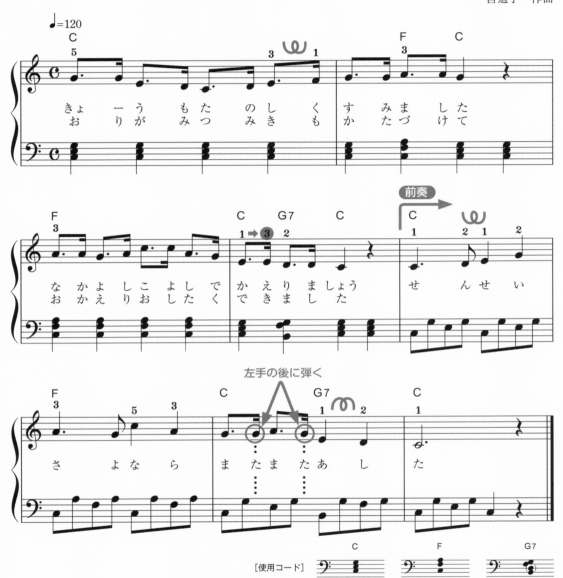

左手の後に弾く

[使用コード]

♪ ワンポイント・アドバイス

「またまた」のところは、難しいですね。右手と左手の指のタイミングを、「同時に弾く」→「左を弾いてから右」→「同時に弾く」→「左を弾いてから右」というふうに意識して、ゆっくり練習しましょう。

転回形伴奏

さよならのうた

高すすむ　作詞
渡辺　茂　作曲

[使用コード]

🎼 ワンポイント・アドバイス

　左手の音量は、大きくなりがちです。この曲にかぎらず、どの曲も、右手より静かに弾きましょう。メロディと伴奏のバランスがとてもよくなり、きれいに聞こえます。

第2部

Ⅱ．幼児のためのリトミック

執筆：杉本 明

リトミックについて

　リトミックの創案者、エミール・ジャック＝ダルクローズ（1865-1950）は、1919年に「何よりもまず、子どもたちが自分たちの人格性に目覚め、自分たちのもって生まれた気質を伸ばし、1人ひとりの命のリズムをあらゆる障害から開放することが肝要である」[1]と述べています。この意見は、当時のヨーロッパにおける教育のあり方を提言した彼の考え方の根幹をなしていて、リトミック教育の理念にそのまま通じるものです。

　リトミックは、音楽を学ぶだけではなく、音楽と動きを学習の手段として使用し、私たちが持っているさまざまな能力を最大限に引き出し、困難な出来事に出会っても、しっかりと考えて判断し行動していく力を身につけ、考えていることと行動とを統御（コントロール）する音楽教育法なのです。

　ジャック＝ダルクローズの愛弟子で、ロンドン王立音楽学院および、ロンドン王立バレー学校（The Royal Ballet School）の教授であった、エリザベス・バンドゥレスパーは、「音楽に対してリズミカルになった人は、普通その他の場面でもリズミカルになります。人格形成の段階でリトミックを経験した人は、いろいろな面でその経験を役立てる事ができます」[2]といっています。このことは、幼児期や児童期にリトミックを経験することは、とても大切だと言い換えることができます。

　具体的な内容については、次のページからの指導内容を読みながら、模擬授業や教育実習で実際におこなってみることで実感できますが、できれば、リトミックの指導をしている先生やその団体の研修に参加し、指導スキルを学ぶことをお勧めします。

エミール・ジャック＝ダルクローズ

※1）「リズムと音楽と教育」（エミール・ジャック＝ダルクローズ著、板野平監修、山本昌男訳、全音楽譜出版社）「序」xi
※2）「ダルクローズのリトミツク」（エリザベス・バンドゥレスパー著、石丸由理訳、ドレミ楽譜出版社）「リトミック教育の理論」p.11

保育指導案と部分指導案

1 「保育指導案」

　教育実習用に、参考として掲載しています。記入の方法や項目などは、園によってさまざまですので、指導担当の先生に相談しながら作成してください。

　園での音楽は、題材が「五領域」とどのような関わりを持っているのかが、とても大切です。題材のねらい・子どもたちの姿との一例を紹介していますので、よく読んで流れをつかんでください。

2 「本時の活動」

　数時間扱う中の何回目かを、分数で表しています（3/4 時など）。したがって、その前後の流れは「保育指導案」全体を把握し、その中のどこの部分で、何にスポットを当てているのかを確認しましょう。

　なお、「フレーズを　かんじて　あそぼう」以外は、部分指導案のみの掲載です。

「あくしゅでこんにちは」 保育指導案

保育指導案

実施日時　◎◎◎◎年□月△日　10：00 ～ 10：30
対象児　○○○○○幼稚園　3歳児　○○組
実習生　○○○○　印　（指導教諭　○○○○）

1．題材名

リトミック「フレーズを　かんじて　あそぼう」（2時間扱い・30分×4）

2．題材設定の趣旨

　本題材は、「音楽にあわせて手を打ったり、足踏みをすること」「うたいながら、拍を表すゲームをすること」「フレーズごとに、いろいろな動作をしながらうたうこと」を内容としている。具体的には、

①「リズム・ゲーム」※1）で、音楽にあわせて活動する喜びを味わい、ゲーム感覚で拍を表現できるようにし、友だちと楽しく音楽に関わることができるきっかけづくり。（1時間扱い・30分×2）
②「たのしくうたおう」で、「あくしゅでこんにちは」をうたいながら、拍のまとまり（フレーズ）を感じ取り、表現できるようにすること。（1時間扱い・30分×2）

の2つの活動をおこなう。（本時②の1回目）

3．幼児の姿

　入園当初は、個々に好きな歌を楽しんだり、教師が意図的にある歌をうたうきっかけをつくって、いっしょに歌をうたったりしていた。
　1ヶ月が経ち子どもたちがたがいに誘いあって、いろいろな歌を自分たちからうたう場面が出てくるようになり、「友だち」を意識する姿が多くみられるようになった。
　ただし、まだ一部の友だちとのコミュニケーションが深まっているだけなので、今回は、リトミックを通してもう少し交友関係を広げることができるようにしていきたい。

※1）「リズムゲーム」とは、リトミックでおこなわれる《即時反応》の活動のことです。この活動にはさまざまな方法がありますが、本書の《保育指導案》の中で扱うものは、「拍」が中心ですので、音楽の拍にあわせて2人組で手あわせをし、音楽が止まったら2人の両手をくっつけて動作を止め、また音楽がはじまったらまた手あわせを開始する、というゲーム感覚で拍を体感する活動のことです。

4．題材のねらい

① 拍にあわせて、うたったりステップしたりすることをとおして、みんなで課題に取り組む楽しさを味わう。

② グループで協力しフレーズの長さを感じ取ることをとおして、クラスのコミュニケーション力を深める。

5．題材の五領域との関わり

健康	人間関係	環境	言葉	表現
内容（2）（4）いろいろな活動の中で体を動かすことを楽しむ。	内容（7）友だちのよさに気づき、いっしょに活動する楽しさを味わう	ねらい（2）発見を楽しんだり、考えたりし、それを生活に取り入れようとする。	内容（1）先生や友だちの言葉や話に興味を持つ。	内容（6）音楽に親しみ歌をうたったりする。

　各項目の下に記されている（2）や（4）などの番号は、幼稚園教育要領（平成29年3月31日告示）文科省第62号第2章ねらい及び内容（p.14～21）からの引用です。

6．本時の活動（3/4時）

（1）目　　標　　グループで協力しフレーズを感じ取る表現をとおして、クラスのコミュニケーション力を深める。

（2）教　　材　　「あくしゅでこんにちは」

（3）活　　動

	活動内容	教師の援助
1	既習の「あくしゅでこんにちは」をうたって楽しい雰囲気をつくる。	○ 子どものよい表れをしっかりと取り上げ、楽しくうたう意欲を高める。
2	2人組になり、拍にあわせて手あわせをする。	○ しっかりと音価を打っているか、教師のピアノ（または打楽器）が止まったとき、すぐに止まることができたかを確認する。
3	「あくしゅでこんにちは」を2番まで教師といっしょにうたいながら、♩で足踏みする。　今度は、足踏みだけではなくて、先生はいろいろなことをします。まねっこをしましょう。	○ 教師は、少しゆっくりとしたテンポでうたいながら、子どもたちといっしょに足踏みをする。 ○ 教師は♩の速さで足踏みをしながら1番をうたいはじめ、「あくしゅでこんにちは」で足踏みを止め、握手の動作を♩でおこなう。続いて、「ごきげんいかが」で♩の速さで手を打つ。子どもたちはこの動作を、うたいながら同時にまねっこする。2番も教師の考えた動作で、同様におこなう。

4	4〜6人組の円になり、グループで3の動きをうたいながらおこなう。	○ グループで協力して、うたいながら動作ができているかを確認する。
	みんなでうたいながら、いっしょにうごいてみましょう。上手にできているか、先生が見て回りますよ。	評価：みんなで協力して、先生と同じような動きができたかを伝えたり、子どもから出た話に共感したあと、次のリトミックでは、グループで違う動きを考えてみることを伝える。

あくしゅでこんにちは

まど・みちお 作詞
渡辺 茂 作曲

中抜き伴奏

[使用コード]

ワンポイント・アドバイス

　この曲は、子どもたちが歩きながら遊ぶうたです。子どもたちの歩く速さをイメージしながら弾きましょう。

「とけいのうた」 リトミック部分指導案
―― 5歳児（年中）

6．本時の活動（3/4 時）

（1）目　　標　複リズムの表現を通して、持続力・判断力・行動力を養う。

（2）教　　材　「とけいのうた」

（3）活　　動

	活動内容	教師の援助
1	既習の「とけいのうた」をうたって楽しい雰囲気をつくる。	○ 子どものよい表れをしっかりと取り上げ、楽しくうたう意欲を高める。
2	3人組になり、向かいあって自分のリズムを打つ。 1番→♩　2番→♩　　3番→♪	○ 自分が担当したリズムを確認させ、それぞれ受け持ったリズムを、しっかりと打っているかを確認する。
3	歌とリズム 今度は、1人ずつ先生のピアノにあわせて、それぞれのリズムをうたいながら打ってみましょう。	○ 同じ番号（リズム）の子どもたちが、うたいながらリズムを打ち、1人ひとりがしっかりと打っているかを確認する。
4	歌と複リズム 次は、うたいながら3人がいっしょにやってみましょう。 次のリトミックでは、グループごとに発表してみましょう。	○ 教師は、ゆっくりとしたテンポで伴奏をしながら、子どもたちが自分の担当のリズムをしっかり打っているかを確認する。 もし、つられてしまう子どもが多い場合は、1番と2番だけ。2番と3番だけ。1番と3番だけ。というように、2つのリズムだけにする。
		評価：他の人のリズムにつられないで、みんなで協力して、リズムを打ちながらうたうことができましたね。

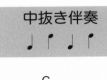

とけいのうた

筒井敬介　作詞
村上太郎　作曲

コ チ コ チ カッチン おとけいさん　コ チ コ チ カッチン うごいてる

こ ど も の　は り と　　お と な の　は り と
こ ど も が ピョ コ リ　お と な が ピョ コ リ

こ ん に ち は　　さ よ う な ら　　コ チ コ チ カッチン さ よ う な ら

[使用コード]

🎼 ワンポイント・アドバイス

　1段目の4小節と3段目最後の2小節は、左手を軽やかに切って弾きましょう。

　「こどもの　はりと　おとなの　はりと」をアルベルティバス（♪♪♪♪ ♪♪♪♪）にしてみたり、「こんにちは　さようなら」を単音伴奏（♩　♩）にしてみたりして、曲の雰囲気がよく伝わるように工夫しましょう。

アルベルティバス

単音伴奏

「せんせいとおともだち」 リトミック部分指導案
——6歳児（年長）

6．本時の活動（3/4時）

（1）目　　標　　スキップのリズム表現を通して、判断力・行動力・協調性を養う。

（2）教　　材　　「せんせいとおともだち」

（3）活　　動

	活動内容	教師の援助
1	「せんせいとおともだち」をうたって楽しい雰囲気をつくる。	○子どものよい表れをしっかりと取り上げ、楽しくうたう意欲を高める。
2	2人組になり、ゲームを思い出す。2人で手をつないでスキップ（♫）しながら「せんせいとおともだち」をうたい、「さんはい」の合図でつないでいる手を替えて、スキップしていく方向を変え、「ギュッ　ギュッ　ギュッ」でジャンプして止まる。	○しっかりと即時反応しているかを、確認する。 ○「さんはい」の合図は　♩　♩　のタイミングでおこなう。 ○3番までうたう。動作は歌詞の意味を表すものを、教師が提示してもよいし、子どもたちに考えさせてもよい。
3	円になってフレーズ遊び 　今度は、7人組になって円くなりましょう。先生といっしょにうたいながらフレーズ遊びをしましょう。 a）子どもたちは、7人組みで円になり向かいあって立つ。（1番から7番までを決める） b）みんなで1番をうたいながら、1番はスキップを7回（7拍）して2番の前まで行き、止まって8拍目で2番にハイタッチ。2番は2フレーズ目で、1番と同じようにスキップをして、3番のところへ行く。「あくしゅをしよう」で2番と3番の子どもは右手を差し出し、握手の準備。「ギュギュギュ」のリズムで握手をする。 c）2番をみんなでうたい、b）と同様の動きで3番は4番へ、4番は5番へ行き、4番と5番は「あいさつしよう」で向かいあったまま待ち、「おはよう」でおじぎをする。	○教師は、動きを説明しながら少しゆっくりとしたテンポで「せんせいとおともだち」をうたい、子どもたちはそのテンポにあわせて、おこなえるようにする。

	d) 3番をみんなでうたい、b）と同様の動きで、5番は6番へ、6番は7番へ行き、6番と7番の子どもは、「にらめっこしよう」で両腕を組んでにらめっこの用意をし、「メッメッメッ」のリズムでにらめっこをする。	○ 子どもたちが動きを覚えたら、最初にスタートする子どもを、2番からにして順番を替え、再度練習させる。 ○ こどもたちが動きに慣れてきたら教師は、ピアノを弾きながら子どもたちといっしょにうたって、動きを見る。 評 価：みんなで協力して、フレーズゲームができましたね。
4	次のリトミックでは、グループごとに握手・ごあいさつ・にらめっこの動きを考えてみましょう。	○ 次回は、協調性と創造力をねらいとし、グループで動きを部分創作して、グループごとに発表をおこなう。

中抜き伴奏

せんせいとおともだち

吉岡 治 作詞
越部信義 作曲

ワンポイント・アドバイス

　はじめて出会う子どもたちに話しかけるようにうたってみましょう。こんな歌をうたうと、あっという間に仲よくなってしまいそうですね。

「きらきら星」 リトミック部分指導案
—— 4歳児（年少）

6．本時の活動 （3/4 時）

（1）目　　標　スタッカート・レガート表現を通して想像力を高める
（2）教　　材　「きらきら星」
（3）活　　動

	活動内容	教師の援助
1	「きらきら星」をうたって楽しい雰囲気をつくる。	○ 子どものよい表れをしっかりと取り上げ、楽しくうたう意欲を高める。
2	2人組になり、♩で手あわせをする。次に、𝅝で手あわせをする。	○ しっかりと音価を打っているかを、確認する。
3	トライアングルでスタッカート表現 今度は、先生がトライアングルを打ちながらうたってみます。どんな感じがするかな。 お星さまがどんな感じで光っていたようだったかな？ キラッと光ってすぐに消えるように、「きらきら星」をうたってみましょう。	○ 教師は、少しゆっくりとしたテンポでうたいながら、トライアングルの本体を握ったまま、♩を打つ。（スタッカート） ○ 子どもたちから出た感想に共感しながら、光がすぐに消えてしまうような感じを、手のひらの動きで表現させてみる。 ○ 教師は、「きらきら星」をスタッカートでうたい、子どもたちも同時にその真似をしてうたう。
4	トライアングルでレガート表現 次は、違う感じでトライアングルを打ちますよ。今度はどんな感じがするかな。 お星さまがどんな感じで光っていたようだったかな？ お星さまがずっと光っている様子を思いうかべながら、「きらきら星」をうたってみましょう。	○ 教師は、少しゆっくりとしたテンポでうたいながら、トライアングルの本体がしっかりと響くように持ち、𝅝　を打つ。（レガート） ○ 子どもたちから出た感想に共感しながら、光がずっと光っているような感じを、手のひらの動きで表現させてみる。 ○ 教師は、「きらきら星」をレガートでうたい、子どもたちも同時にその真似をしてうたう。 評 価：みんなが、先生と同じようにうたえたかを伝えたり、子どもから出た話に共感したあと、次のリトミックでは、グループでお星さまが光っている動きを考えてみることを伝える。

きらきら星

武鹿悦子　作詞
フランス民謡

きらきらひかる　おそらの　ほしよ

まばたきしては　みんなを　みてる

きらきらひかる　おそらの　ほしよ

♪ ワンポイント・アドバイス

　ドレミや CDE でうたいながら、21 ページで考えたハンドサインをつけてみましょう。ハンドサインは、単調になりがちなドレミ唱を楽しくしてくれます。

「おつかいありさん」 リトミック部分指導案
——5歳児（年中）

6．本時の活動　（1/4 時）

（1）目　　標　スキップのリズム表現を通して、テンポ感を養う。
（2）教　　材　「おつかいありさん」
（3）活　　動

	活動内容	教師の援助
1	導入「何回打ったかな？」 先生は何回ウッド・ブロックを打ったかな？　わかった人は、「さんはい」と言ったら答えましょう。 先生 （ウッドブロック）　　　　　子どもたち 例：♩♩♩♩|さん　はい|4　つ| 　　　　　　　（♩　♩）（♩　♩）	○教師は、♩を2つ、4つ、6つ、8つ、と偶数のまとまりでウッド・ブロックを打ち、打った速さで間を空けずに「さん　はい」を言う。子どもたちも、教師の合図のあとに間を空けずに「さん　はい」と同じ速さで打たれた数を言う。このタイミングを数回練習してからおこなうとよい。
2	「おつかいありさん」をうたう 教師との交互唱で、2番までうたえるようにする。3人組になり、向かいあって自分のリズムを打つ。	○教師は、子どもたちと向かいあって、ピアノの伴奏無しでうたい、しっかりと歌詞を覚えてうたっているかを確認し、うたえるようになったら、伴奏をしていっしょにうたう。
3	7つ打って1つ休み ♩♩♩♩♩♩♩ を先生といっしょに打ちながら「おつかいありさん」をうたいましょう。	○教師といっしょに手を打ちながらうたえるよう、子どもたちをしっかり観察しながら、うたう。
4	7つスキップ1つ休み 今度は、♫♫♫♫|♫♫♫♪ を先生といっしょに打ちながら「おつかいありさん」をうたいましょう。	○教師は、3よりもゆっくりとしたテンポで♫を打ちながら、子どもたちがリズムをしっかり打っているかを確認する。

5	即時反応	
	次は、最初は ♪ を打ちながらうたっていて先生が「ハイ」と言ったら ♫ に変えて打ってみましょう。 次のリトミックでは、リズムを歩きながらうたうことをしてみましょう。	評価：しっかりとリズムを打ちながら、うたうことができましたね。

単音伴奏 ♩ ♩

おつかいありさん

関根榮一　作詞
團伊玖磨　作曲

あんまり いそいで こっつんこ
あいた たごめんよ そのひょうし

ありさん と ありさん が こっつんこ
わすれた わすれた おつかいを

（前奏）

あっ ちいっ て ちょん ちょん こっ ち きて ちょん

[使用コード]　D　G　E　A　A7

🎼 **ワンポイント・アドバイス**

　シャープやフラットがたくさんついた曲を弾くときこそ、コード伴奏の良さが実感できます。右手のメロディが弾けるようになったら、左手で、「単音伴奏」をつけましょう。これならシャープやフラットの数に関係なく簡単に、伴奏がつけられますね。

「アイアイ」 リトミック部分指導案
——6歳児（年長）

6．本時の活動 （1/4時）

（1）目　　標　まねっこリズムと交互唱を通して、集中力と判断力を養う。
（2）教　　材　「アイアイ」
（3）活　　動

	活動内容	教師の援助
1	既習した歌（「せんせいとおともだち」など）をうたって楽しい雰囲気をつくる。	○ 子どものよい表れをしっかりと取り上げ、楽しく・仲良くうたう意欲を高める。
2	ステイックを持ち、教師と向かいあって立ち、教師の2拍子のリズムを真似して打つ。 上で打つ 先生　♩ ♩ 　　トントン 　　　　　上で打つ 子ども　　　♩ ♩ 　　　　トントン 下で打つ 先生　♩ ♩ 　　トントン 　　　　下で打つ 子ども　　♩ ♩ 　　　トントン 今度は、違うリズムでしてみましょう。	○ 教師は、少しゆっくりとしたテンポで「トントン」と言いながら、ひざをやわらかく使い、いろいろな場所で打つ。 ○ 教師は、2拍目を打つときに、子どもたちへリズムを渡すような動作をすると、タイミングよく交互にリズム打ちができます。 ○ 2つ目のリズムは、♪♪です。
3	アイアイをうたう 先生のあとにつづいて、「アイアイ」をうたってみましょう。 次は、全員で手をつないで円くなり、「アイアイ」をうたいながら、♩で腕を前後に揺らします。 最後は、つないだ手を♩で揺らしながらうたっていて、「アイアイ」のところだけ、動きを止めます。	○ いつもの歌唱指導と同様に、交互唱で少しずつうたえるようにする。 ○ 一定の速さで、腕を上手に揺らしているかを確認し、皆が同じ速さになるように気をつける。 ○ 教師がいっしょに動いて、子どもたちに確認させながらおこなう。

		評価：うたいながら上手に腕をゆらしたり、止めたりできたので、次の時間には「アイアイ」の動きをみんなで考えて、動いて見ましょう。
次回の予告	この次のときは、いろいろな動きをみんなで考えてみましょうね。	○ 次回は、うたいながら腕を振ったり、止めたりするだけではない動きを考えさせ、その動きを交互にできるようにすることで、集中力と判断力を養っていく。

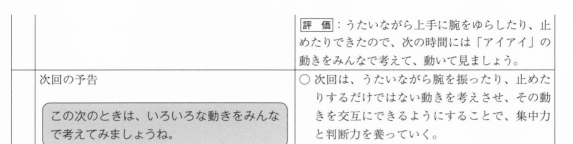

中抜き伴奏
（♩ ♪ ♩ ♪）

アイアイ

相田　裕美　作詞
宇野誠一郎　作曲

アーイアイ（アーイアイ）アーイアイ（アーイアイ）　おさるさーんだ よ
　　　　　　　　　　　　　　　　　　　　　　　　　おさるさーんだ ね

アーイアイ（アーイアイ）アーイアイ（アーイアイ）　みなみのしまー の
　　　　　　　　　　　　　　　　　　　　　　　　　きのはのおうー ち

アイ アイ（アイ アイ）アイ アイ（アイ アイ）　しーっぽのなが い
　　　　　　　　　　　　　　　　　　　　　　　おめめのまる い

アーイアイ（アーイアイ）アーイアイ（アーイアイ）　おさるさんだ よ
　　　　　　　　　　　　　　　　　　　　　　　　　おさるさんだ ね

[使用コード]

♪ **ワンポイント・アドバイス**

Bm や B7 の中抜き伴奏では、「シ」と「ファ♯」を弾くことになります。

「ありさんのおはなし」 リトミック部分指導案
—— 4・5歳児（年少・年中）

6．本時の活動 （3/4時）

（1）目　　標　3拍子の動きの体験を通して、協調性と集中力を養う。

（2）教　　材　「ありさんのおはなし」

（3）活　　動

	活動内容	教師の援助
1	「ありさんのおはなし」をうたって楽しい雰囲気をつくる。	○ 子どものよい表れをしっかりと取り上げ、楽しくうたう意欲を高める。
2	2人組になり、2拍子で手あわせをする。次に、3拍子で手あわせをする。	○ 拍子の特徴を感じ取って、しっかりと打っているかを、確認する。
3	ダンスの練習 今度は、先生の歌にあわせて3拍子のダンスをしてみましょう。 次は、後ろのお友だちと2人組みです。 次は、全員で手をつなぎます。 最後は、つないだ手を離して外側を向いて、それから全員で手をつなぎます。	○ 子どもたちは、円になり円周上に2人組みで向かいあって立つ。 ○ 教師は、ゆっくりとしたテンポで「ありさんの〜きいたかね」までをうたい、子どもたちはそのテンポにあわせて、2人組みで3拍子の手あわせをする。 ○ 教師は「ちいさな〜きこえたよ」までをゆっくりとうたい、子どもたちはそのテンポにあわせて、新しい2人組みで3拍子の手あわせをする。 ○ 教師は「おいしい〜みつけたよ」までをゆっくりうたい、子どもたちは円の中心を向き、全員で手をつないで、先生の歌にあわせて♩.　で左へ次の♩.　で右に揺れる。 ○ 教師はゆっくりとしたテンポで「となりの〜おにわだよ」までをうたい、子どもたちは、円の外側を向いて手をつないで、先生の歌にあわせて♩.　で左へ次の♩.　で右に揺れる。
4	うたいながら3拍子のダンス みんなで上手にできるようになったので、先生のピアノにあわせてうたいながら、ダンスをしてみましょう。 （次回は、2番を違う振りつけで踊ってみる）	○ 1番をうたいながら、最初から最後までうたいながら踊ってみる。途中でわからなくなってしまった子どもがいても、最後まで続けてみましょう。 評 価 ：みんなが、上手にしっかりとダンスができました。次のリトミックでは、2番も踊ってみましょう。

中抜き伴奏

ありさんのおはなし

都築益世　作詞
渡辺　茂　作曲

ありさん　の　　おはな　し　きいた　か　ね

ちいさ　な　　こえだ　が　きこえ　た　　よ
ないしょ　の　　こえだ　が　きこえ　た　　よ

おいし　い　　おかし　を　みつけ　た　　よ
おおき　な　　ももの　み　みつけ　た　　よ

前奏

となり　の　　おうち　の　おにわ　だ　　よい
みんな　で　　なかよ　く　たべに　こ　　い

[使用コード]

♪ ワンポイント・アドバイス

　はじめての3拍子です。♪♪♪ の音型で、中抜き伴奏をします。 コードが F なら「ファードッドッ」、
C7 なら「ドーソッソッ」と弾きます。

「バスごっこ」 リトミック部分指導案
——5・6歳児（年中・年長）

6．本時の活動（3/4時）

（1）目　　標　「バスごっこ」の振りつけを通して、強弱表現を体験し、創造力を養う。

（2）教　　材　「バスごっこ」　※教具……小さめのフープ（5人グループに1つ）

（3）活　　動

	活動内容	教師の援助
1	既習の「バスごっこ」をうたって楽しい雰囲気をつくる。	○ 子どものよい表れをしっかりと取り上げ、楽しくうたう意欲を高める。
2	前回の「きっぷわたしゲーム」（「おとなりへ　ハイ」の「ハイ」で次の人にきっぷを渡すふりをするゲーム）の　5人組になり、1番をうたいながら、その動きを思い出しておこなってみる。 今度は、きっぷ（ハンドル）の渡し方を工夫してみましょう。次の人へ渡すときに、そっと渡したり、重たそうに渡したりできるかな。5人で考えていろいろな渡し方を練習しましょう。	○ 5人で、縦1列になり先頭が運転手。他の4人は前の人の肩を持ってつながる。運転手は小さいフープを持ち、ハンドル代わりにする。歌の最初から電車ごっこのように先頭につながって、♩で歩き「わたしてね」で止まる。「おとなりへ　ハイ」の「ハイ」で運転手はハンドルを次の人に渡し、次の人も同様に渡す。「おわりのひとは」のときに、ハンドルをもらった人が先頭になり、次の運転手になる。
3	グループで動きを創ろう 3番までみんなでうたいましょう（既習済み） 1番は「ハンドル」をきっぷの代わりにお友だちに渡しました。2番「よこむいた」と3番「ごっつんこ」は、どのように動いたらよいかを5人で相談して、うたいながら動いてみましょう。	○ 子どもたちの考えた動きが、歌のリズムやテンポ、強さにあっているかを確認し、どのようにしたら歌にあわせることができるかを、グループ間を回りながら、適切にアドバイスする。 ○ グループで相談した動き方が決まってきたら、教師はピアノを弾きながら子どもたちの動きを見て、タイミングがあっているかを確認する。 評価：みんなで協力して、いろいろな動きを創ることができましたね。
	次のリトミックは、グループで考えた1番から3番までの動きを発表しましょう。	

バスごっこ

香山美子　作詞
湯山　昭　作曲

おおがたバスに のってます　　きっぷをじゅんに わたしてね
いろんなとこが みえるので
だんだんみちが わるいので

おとなりへハイ　おとなりへハイ　おとなりへハイ　おと なりへハイ
よこむいた ア　うえむいた ア　したむいた ア　うしろむいた ア
ごっつんこ ドン　ごっつんこ ドン　ごっつんこ ドン　ごっ つんこ ドン

おわりの ひとは　　ポケットに
うしろの ひとは　　ねーむった
おしくら まんじゅう　ギュッギュッ ギュッ

[使用コード]

ワンポイント・アドバイス

　最後から２小節目、右手の二分休符のところは、伴奏のみ「ドッドッ」と低音で同じ音を２回弾き、「ポケット」の部分は、伴奏をつけず、メロディだけを弾いてみましょう。変化がついて、楽しいバスごっこの雰囲気が伝わるのではないでしょうか。

ポケット に
ねーむっ〜
ギュッギュッ

「やまのワルツ」 リトミック部分指導案
── 4・5歳児（年少・年中）

6．本時の活動（3/4 時）

（1）目　　標　動物の動きを通してリズムの質を表現し、想像力・創造力を養う。
（2）教　　材　「やまのワルツ」
（3）活　　動

	活動内容	教師の援助
1	既習の「やまのワルツ」をうたって楽しい雰囲気をつくる。	○ 子どものよい表れをしっかりと取り上げ、動物の動きを想像してうたう意欲を高める。
2	2人組になり、2人でリスの動きを考えてみる。	○ 2人で考えた動きが、♪のタイミングでしっかりと動いているかを、確認する。
3	歌とリズム 今度は、「やまのワルツ」の1番をうたい、最後の「ロンリムリム……」のところで、うたいながら2人組で考えた、〈リス〉のうごきをしてみましょう。 子どもたちは、2人組のまま向かいあって立ち両手をつないで、1番の「すてきな」から「やってきます」までをうたいながら、♩. で Swing し、「ロンリムリム……」からの3小節間で考えた ♪ の動きをし、最後の「ロン」で〈リス〉のポーズをつくる。	○ 教師は、しっかりとうたいながら、子どもたちの動きを観察し、♩.　の Swing や ♪ のリスの動きが、歌のテンポにあっているかを確認する。
4	創造表現（2） 次は、違う2人組になりましょう。今度は2番に出てくる〈やぎ〉の動きを考えましょう。やぎさんは、♩ で動きます。	○ 教師は、子どもたちが自分たちの身体で〈やぎ〉をつくり、〈やぎ〉の形のまま ♩ で動くことができるように、子どもたちにアドバイスをする。
5	次回への導入 上手に〈やぎ〉ができるようになったので、2番をうたいながら動いてみましょう。 子どもたちは、2人組のまま向かいあって立ち両手をつないで、1番と同じように「すてきな」から「やってきます」までをうたいながら、♩.で Swing し、「ロンリムリム……」からの3小	

節間で考えた ♩ の動きをし、最後の「ロン」で〈やぎ〉のポーズをつくる。

次回は、3番の〈くま〉の動きを考えると、予告する。

| 評価：2人で協力して、リスとやぎのいろいろな動きができましたね。

オクターブ伴奏

やまのワルツ

香山美子　作詞
湯山　昭　作曲

[使用コード]

ワンポイント・アドバイス

　複雑なコードが書かれていますが、オクターブ伴奏なら、とても簡単に弾くことができます。和音の種類や付加音を示す「m」やそのうしろの数字を読み取る必要がなく、先頭のアルファベットと♭や♯だけを読めばよいからです。ぜひチャレンジしてみましょう。

「ふしぎなポケット」 リトミック部分指導案
──4・5歳児（年少・年中）

6．本時の活動（4/4 時）

（1）目　　標　2拍子のリズム表現を通して、判断力・行動力・創造力を養う。
（2）教　　材　「ふしぎなポケット」
（3）活　　動

	活動内容	教師の援助
1	既習の「ふしぎなポケット」をうたって楽しい雰囲気をつくる。	○子どものよい表れをしっかりと取り上げ、楽しくうたう意欲を高める。
2	2人組になり、向かいあって自分の手を♩で打っていて、「さんはい」の合図で♫♪の手あわせを1回だけする。	○しっかりと即時反応しているかを、確認する。
3	歌とリズム 今度は、4人組になって先生の歌にあわせてリズム遊びをしましょう。	○子どもたちは、4人組みになり向かいあって座り、1番から4番までを決める。 ○教師は、ゆっくりとしたテンポで「ポケットの〜ひとつ」までをうたい、子どもたちはそのテンポにあわせて、座ったまま♩を打つ。教師の歌が「ひとつ」のところで、1番だけが立つ。「ふたつ」で2番。「みっつ」で3番。「ふえる」で4番が立つ。それ以外のところは、座っている子どもも、立っている子どもも♩で自分の手を打つ。
4	創造表現 次は、1番から3番までは手をつないで、ポケットをつくります。4番はビスケットになってその中に入りましょう。 では、自分たちでうたいながら、最初から最後までやってみますよ。	○教師は、子どもたちが自分たちの身体で上手にポケットとビスケットがつくれるように、グループを回ってアドバイスする。 ○教師は、ピアノを弾きながら子どもたちの動きを見て、タイミングがあっているかを確認する。
5	グループごとに発表 みんなで上手にできるようになったので、グループごとに発表してみましょう。	評価：みんなで協力して、いろいろな形のポケットとビスケットができましたね。

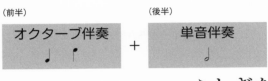

（前半）オクターブ伴奏　+　（後半）単音伴奏

ふしぎなポケット

まど・みちお　作詞
渡辺　茂　作曲

ポケットの　なかには　ビスケットが　ひとつ
もひとつ　たたくと　ビスケットは　みっつ

ポケットを　たたくと　ビスケットは　ふたつ
たたいて　みるたび　ビスケットは　ふえる

そんな　ふしぎな　ポケットが　ほしい

そんな　ふしぎな　ポケットが　ほしい

[使用コード]

♪ ワンポイント・アドバイス

　前半の伴奏は、リズミカルに刻んでみましょう。雰囲気の変わる後半「そんな　ふしぎな　ポケットが　ほしい」からは、左手の音を長めに使ってみましょう。

「あわてんぼうのサンタクロース」 リトミック部分指導案
—— 5・6歳児（年中・年長）

6．本時の活動（4/4 時）

（1）目　　標　　いろいろな簡易打楽器でのリズム表現を通して、集中力・協調性を養う。

（2）教　　材　　「あわてんぼうのサンタクロース」

（3）活　　動

	活動内容	教師の援助
1	既習の「あわてんぼうのサンタクロース」をうたって楽しい雰囲気をつくる。	○ 子どものよい表れをしっかりと取り上げ、楽しくうたう意欲を高める。
2	うたいながら、自分の手で「リンリンリン」などの歌詞のリズムを打つ。	○ しっかりと ♩♩♩♪ と打てているかを、確認する。 ○ 4番までおこなう。
3	歌とリズムと簡易打楽器 今度は、打楽器で、うたいながらリズムを打ちましょう。 楽器を交替しましょう。	※ 1番グループ→すず 　2番グループ→足踏み 　3番グループ→カスタネット 　4番グループ→タンブリン ○ 時間が許す限り、すべての楽器に触れることができるように配慮する。
4	5番のリズムにチャレンジ 次は、5番をうたって楽器を鳴らしたり、足踏みをしたりします。歌のように音を出すには、どうやって鳴らしたらいいでしょうか。 4人組になって話しあってみましょう。 では、みんなでうたいながら、最初から最後までやってみますよ。	○ 子どもたちに、4人組みになり向かいあって座り、話しあったあと、1番から4番までを決めて、うたいながら練習するように促す。 ○ 教師は、ゆっくりとしたテンポでピアノを弾き、子どもたちが練習しやすい環境をつくり出す。
5	グループごとに発表 みんなで上手にできるようになったので、グループごとに発表してみましょう。	評価：みんなで協力して、楽器と足踏みでしっかりとリズムを表すことができましたね。

♪ ワンポイント・アドバイス

「リンリンリン」「ドンドンドン」などの音を楽器で演奏するとしたら……。子どもたちは、どんな楽器を鳴らしたいと言うでしょう？

単音伴奏

あわてんぼうのサンタクロース

吉岡　治　作詞
小林亜星　作曲

「たきび」 リトミック部分指導案
―― 6歳児（年長）

6．本時の活動（3/4 時）

（1）目　　標　　いろいろな動きを通して、創造力・表現力・協調性を養う。

（2）教　　材　　「たきび」

（3）活　　動

	活動内容	教師の援助
1	既習の「たきび」をうたってたきびの情景を思い浮かべる。	○ 子どものよい表れをしっかりと取り上げ、歌詞の意味を捕らえてうたう意欲を高める。
2	かきね・北風・子どもたちの3グループをつくる。 今度は、グループごとに、1番の動きを考えてそれを動きながらうたいます。	○ 1番の歌詞の意味を表す動きを考える。「かきね」は曲がり角がある垣根の形をつくり、北風が吹いてきたときに揺れる動きも考える。「北風」は、垣根に向って吹く風を表す動きを考える。「子どもたち」は、垣根までうたいながら歩いていき、「あたろうか　あたろうよ」といっている様子や、北風が吹いてきたときにどのように寒くないようにするかを話しあい、その動きを考える。 ○ 教師は、グループの間を回りながら、歌詞のようすが、動きに現れるようにアドバイスする。
3	発表 グループごとに考えた動きを、それぞれ発表しましょう。	○ 1グループずつ発表する。発表する人だけでなく、発表を見る人もいっしょにうたうように促す。 ○ 教師は、少しゆっくりとしたテンポでピアノを弾き、子どもたちが動きやすい環境をつくり出す。 評 価：みんなで協力して、歌詞の意味をしっかりと動きで表していましたね。
4	次回の予告 この次は、グループの役割を変えて、違う動きを考えて発表しましょうね。	○ 次時は、違う表現を考えてお互いの動きを見たあと、3グループいっしょに動くこともおこなう。

たきび

巽　聖歌　作詞
渡辺　茂　作曲

[使用コード]

♪ ワンポイント・アドバイス

「あたろうよ　あたろうよ」の部分は、アルベルティバスを使ってもいいですね。また、歌詞に出てくる「さざんか」の花は知っていますか？　知らない場合はどんな花か調べておきましょう。

第3部
I．リトミックを応用した
小学1年生の音楽

執筆：杉本 明

音楽科学習指導案について

1 「学習指導案」

　教育実習用に、参考として掲載しています。記入の方法や項目などは、学校によってさまざまですので、指導担当教員に相談しながら作成してください。

　小学校の音楽は、1時間の授業でいくつかの項目を平行して活動をします。教材の組みあわせ方・考え方・進め方の一例を紹介していますので、よく読んで流れをつかんでください。

2 「本時の学習指導」

　数時間扱う中の何回目かを、分数で表しています（3/4時など）。したがって、その前後の授業の流れは「学習指導案」全体を把握し、その中のどこの部分で、何にスポットを当てているのかを確認しましょう。

　なお、1年生の題材「はくを　かんじて　あそぼう」と2年生の題材「ようすをおもいうかべよう」以外は、部分指導案のみの掲載です。

　このコーナーより、伴奏譜を2種類掲載しています。1つめは比較的弾きやすくアレンジしてあります。2つめは、少しむずかしいアレンジですが、リズムやハーモニーをより深く感じ取れるように工夫されています。2つめのアレンジにもチャレンジしてみましょう。

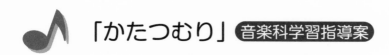

「かたつむり」音楽科学習指導案

第1学年　音楽科学習指導案

実施日時　◎◎◎◎年□月△日　第2校時
指導学級　○○○市立　○○○小学校
第1学年　○組（○○名）

実習生　○○○○　印　（指導教諭　○○○○）

1．題材名「はくを　かんじて　あそぼう」（4時間扱い）

2．題材設定の趣旨

　本題材は、「音楽にあわせて手を打ったり、足踏みをすること」「ことばに乗せて、拍を打つゲームをすること」「拍に乗って、身体を動かしながらうたうこと」を内容としている。これは【学習指導要領　第1学年・第2学年の［共通事項］（1）ア】をおさえたものである。
　具体的には、

①「チャレンジ」で、子どもたちにとってなじみの深い「さんぽ」を扱い、さらにゲーム感覚で拍を表現できる「なまえあそび①」にチャレンジし、教師や友だちと楽しく音楽に関わることができるきっかけづくり。
②「できるよ」で、「さんぽ」や「かたつむり」の歌詞が表す情景や気持ちを想像して、3つの音価の拍を表現できるようにすること。
③「つくろう」で、「なまえあそび②」を扱いグループでのコミュニケーションを深め、「かたつむり」の歌詞が表す情景を、グループで相談して身体表現できるようにすること。

の3つの活動をおこなう。

3．児童の実態

　本学級の子どもたちは、入学時から、うたったり身体表現をしたりすることが大好きであり、教師の投げかけに対する反応も非常によい。また、朝や帰りの会を通して、いくつかの愛唱歌をうたっており、うたうことが生活の一部として定着している。
　ただし、まだ一部の友だちとのコミュニケーションが深まっているだけなので、今回は、音楽の授業を通して「グループで相談する力」を少しずつ養っていき、もう少し幅広い交友関係を身につけることができるようにしていきたい。

４．題材の目標

① 拍にあわせて、うたったり身体を動かしたりすることができる。

② グループで協力して動きを創りだすことができる。

５．教材と教材選択の観点

① 教材：「さんぽ」「なまえあそび①」「なまえあそび②」「かたつむり」

② 観点：「さんぽ」（中川李枝子作詞／久石譲作曲）と「かたつむり」（文部省唱歌）は、就学以前から広く子どもたちに親しまれており、リズミカルな音楽にあわせて、自然に身体を動かすことができる曲である。

「なまえあそび①」と「なまえあそび②」は、ゲーム感覚で遊んでいるうちに、だれとでもコミュニケーションをとれるようになる活動であり、題材の目標に沿った教材といえる。

６．評価基準

ア．音楽をしっかりと聴きながら、身体を動かしている（音楽に対する興味・関心）

イ．みんなで協力して手を打ったり、かたつむりの動きを創り出している（表現の楽しさ）

７．題材の学習指導計画（全４時間扱い）

「はくを　かんじて　あそぼう」

「さんぽ」「なまえあそび①」「なまえあそび②」「かたつむり」

第一次「チャレンジ」〜教師や友だちと楽しく音楽に関わる〜

（評価基準ア．）（１時間）

「さんぽ」

・ 教師の動きの真似をしながら、CDにあわせて ♩ ♪ ♩ 　３種類の拍を表現する

「なまえあそび①」

・ 教師の呼びかけ（○○さん）と教師が打つ拍にあわせて、「はあい」（♩♩♩♪）と返事をする

・ 友だちと２人組になり、呼ぶ役と返事役に分かれて活動する

・ 活動が終了するまで、♩♩♩♪ と打ち続ける

第二次「できるよ」〜ペアやグループで歌詞の情景にあった強さで、３種類の拍を表現〜

（評価基準ア．イ．）（２時間）

「さんぽ」

・ １番の歌詞の意味を考えながら、教師といっしょに情景を想像する

・ ２人組になり、歌詞の情景にあった拍の音価を相談し、♩ ♪ ♩ から選択して打ってみる

「かたつむり」

・ ２番までうたったあと４人組になり、歌詞の情景を考えながら「かたつむり」の動きの速さを考え、その速さの拍を打ちながらうたってみる

第三次「つくろう」〜グループで相談しながら、いろいろな動きを創り出す〜

（評価基準ア．イ．）（1時間）

「なまえあそび②」

・ 4人組になり、4人の友だちの名前を言いながら、それにあわせて ♩ ♩ ♩ ♩ ○ ○ さん と手を打つ

・ 8人組になり、3文字と5文字の食べものの名前を考えて、3文字は ♩ ♩ ♩ ♩、5文字
は ♫ ♫ ♩ ♩ のリズムを手で打ちながら、その名前を言う

「かたつむり」

・ 2番までうたったあと前回とは違う4人組になり、歌詞の情景を考えながら「かたつむり」
の動きの速さを考え、その速さで、かたつむりになったつもりで動いてみる

・ グループごとに動きを発表する

8. 本時の学習指導（3/4 時）

（1）目　　標　ペアやグループで歌詞の情景にあった強さで、3種類の拍を表現できる

（2）教　　材　「さんぽ」「かたつむり」

（3）学習活動

	学習活動	教師の手立てと工夫
1	既習曲をうたって学習の雰囲気をつくる。 〜「さんぽ」	○ 子どものよい表れを積極的に取り上げ、表現意欲を高める。
2	前回の「さんぽ」の2人組になり、♩ ♪ ♩ の打ち方を思い出して表現してみる。	○ しっかりと音価を打っているか、強弱を表しているかを、確認する。
3	「かたつむり」を2番まで教師との交互唱でうたう。 本時のめあてをつかむ。 かたつむりは、どんなところにいるのかな？ そこでなにをしているのかな？	○ 少しゆっくりと、交互唱しながら歌詞の意味を考えながらうたうように、促す。 ○ まず、1人で考えてみる。
4	○ 4人組になって、自分が考えた情景を発表しあう。 ○ 4人の意見を1つにする。 ○ 意見がまとまったら、「かたつむり」の動きの速さを考え、その速さの拍を ♩ ♪ ♩ から選んで、4人でうたいながら打つ練習をする。	○ 1人ひとり、きちんと話すことができるように、友だちの話をしっかりと聞けるように、グループ間を回りながら、サポートする。 ○ 発表しあった4人の意見がまとまるように、ヒントを出す。 ・ 葉っぱの上で動いてる？　止まってる？ ・ 雨は降ってる？　止んでる？ ・ 風は吹いてる？　（強いか弱いか吹いてないか） ・ かたつむりは動いている？　角は出ている？

	○ グループごとに発表する。	評価：情景にあった速さで、４人が同じ拍を打っている。（評価基準イ.）
5	学習を振り返り、次時の活動を確認する。 ・友だちと速さをあわせて手を打ちながら、しっかりうたえたね。 ・次の授業では、この速さをかたつむりになって動いてみよう。	○ 次時に向けての意欲を高めるために、個々のよさや、今日の伸びを大いにほめる。

かたつむり

文部省唱歌

かたつむり

文部省唱歌

♩=92

f

でんでん　むしむし　かたつむ　り

mf

おまえの　あたまは　どこにあ　る
おまえの　あだまは　どこにあ　る

つのだせ　やりだせ　あたまだ　せ
つのだせ　やりだせ　めだまだ　せ

🎼 ワンポイント・アドバイス

　左手の伴奏が、広い音域になっています。なめらかに弾けるように片手の練習を十分におこないましょう。
　子どもが、「せんせい、かたつむり見つけた！」と、虫かごに入ったかたつむりをあなたのところに持っ
てきたら……。飼育の方法についても調べてみましょう。

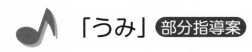

「うみ」部分指導案

8. 本時の学習指導 （4/6時）

（1）目　　標　うたいながらリズムを打つことができる（複リズムの導入）

（2）教　　材　「ことばでリズム」「うみ」

（3）学習活動

	学習活動	教師の手立てと工夫
1	2/6と3/6で学習した「なまえあそび②」をおこなって学習の雰囲気をつくる（131ページ「第三次」参照）。	○ 子どもの工夫する力を積極的に取り上げ、創作意欲を高める。
2	2人組になり、♩.　　　、♩♩♩、♫♫♫の3種類の波の動きを想像しながら表現してみる。	○ しっかりと音価を打っているか、強弱を表しているかを、確認する。
3	「うみ」を3番まで教師との交互唱でうたう。本時のめあてをつかむ。 今日は波の3つのリズムをつなげてみましょう。まずは先生がつくってみます。	○ 少しゆっくりと、交互唱しながら歌詞の意味を考えながらうたうように、促す。 ○ まず、教師がつくったリズムを打ってみる。 ３/４ ♫ ♫ ♫ ｜♩ ♩ ♩ ｜
4	今の2人組で、3つのリズムのうち2つを選んで、そのリズムをつなげて手を打ってみましょう。 ○ リズムが決まったら、2人でリズムを打つ練習をする。 ○ リズムが打てるようになったら、1番をうたいながらリズムを打つ練習をする。 ○ 2人ずつ発表する。	○ 2人で、きちんとリズムを打てることができるように、それぞれのペアを回りながら、サポートする。 評価：歌と同じ速さで、2人が同じリズムを打っている。（評価基準●）※
5	学習を振り返り、次時の活動を確認する。 ・ 友だちと速さをあわせてリズム打ちながら、しっかりうたえたね。 ・ 次の授業では、このリズムを使って波の動きをつくってみよう。	○ 次時に向けての意欲を高めるために、個々のよさや、今日の伸びを大いにほめる。

※ 評価基準については、各題材によってその内容が違うため、記号の部分を「●」として表記しています。詳しくは130ページ「6. 評価基準」を参照してください。

うみ

林　柳波　作詞
井上武士　作曲

🎼 ワンポイント・アドバイス

　左手と右手が重なってしまうところが、数カ所あります。左手の親指を上げるなどして、右手のメロディに音を譲りましょう。

うみ

林　柳波　作詞
井上武士　作曲

♪ **ワンポイント・アドバイス**〜〜〜〜〜〜〜〜〜〜〜〜〜〜〜〜〜〜〜〜〜〜〜〜〜〜〜〜

　歌の旋律と、左手の旋律以外に、内声の音が加えられています。内声の音量を控えると、きれいに響くでしょう。

「ひらいた　ひらいた」 部分指導案

8．本時の学習指導　（2/2 時）

（1）目　　標　うたいながら動作をすることで音楽の強弱を感じ取る

（2）教　　材　「ひらいたひらいた」

（3）学習活動

	学習活動	教師の手立てと工夫
1	前回学習した「ぞうさんのさんぽ」（志摩 桂 日本語訳詞／デンマークのあそび歌）をうたって学習の雰囲気をつくる。	○ 楽しくうたうことができるように、拍にあわせて身体を Swing させながらうたうように、雰囲気づくりを心がける。
2	「ひらいたひらいた」を2番まで教師と交互唱でうたう。	○ しっかりと教師を見ながらうたっているかを確認する。
3	本時のめあてをつかむ。 5〜6人組になり、手をつないで輪をつくり、花びらが開いたりつぼんだりするように、ゆっくりと輪を閉じたり広げたりしてみましょう。	○ 広がりすぎたり、くっつきすぎたりしないように、グループで協力しあってできるように促す。
4	うたいながら動作をする。 グループで、うたいながら歌詞のとおりに、開いたり閉じたりしてみましょう。	○ まず、教師がうたってあげて動作だけを歌にあわせてできているかを確認する。 ○ 次に自分たちでうたいながら動作をさせる。
5	動作と歌の強弱を一致させる。 開いていくときはだんだん強く、閉じていくときはだんだん弱くしてうたいながら動くことができるかな。 ○ グループごとに発表する。	○ グループで歌と動きを確認しながら練習できるように、教室環境を整える。 ○ グループで、きちんと表現ができるように、各グループを回りながらサポートする。 評価：グループで動きをあわせながら、クレッシェンドとディミヌェンドを伴ってうたっている。（評価基準●）← 130 ページ「6」参照
6	学習を振り返り、次時の活動を確認する。 ・友だちと動きをあわせながら、だんだん強くしたり、だんだん弱くしたりしてうたえたね。 ・次の授業では、違う歌で音楽の強さを表してみよう。	○ 次時に向けての意欲を高めるために、グループそれぞれのよさや、今日の伸びを大いにほめる。

138

おすすめ簡単伴奏

〈オスティナート伴奏〉

ひらいたひらいた

わらべうた

🎵 ワンポイント・アドバイス

　オスティナートとは、「短いフレーズやリズムパターンを繰り返す技法」のことです。子どもたちの楽器活動においても、オスティナートを用いると、演奏技術の負担を減らすことができます。

ひらいたひらいた

わらべうた

「日のまる」 部分指導案

8．本時の学習指導（2/3 時）

（1）目　　　標　　いろいろな旗の動きからリズムを創ることができる
（2）教　　　材　　「おどるこねこ」「日のまる」
（3）学習活動

	学習活動	教師の手立てと工夫
1	前回学習した鑑賞曲「おどるこねこ」（ルロイ・アンダソン作曲）を聴きながら、2人組で自由に踊って学習の雰囲気をつくる。（長いので曲の途中までにする）	○ 楽しく踊ることができるように、拍にあわせて身体を3拍でSwingさせながら動くように、教師もいっしょに動いて雰囲気づくりをする。
2	「日のまる」を2番まで教師との交互唱でうたう。	○ しっかりと教師を見ながらうたっているかを確認する。
3	本時のめあてをつかむ。 クラス全員で「日のまる」斉唱したあと、 いろいろな国の旗をみてください。 その旗が揺れているリズムを先生が打ってみます。 $\frac{4}{4}$ ♪♪♩ ♩ ♪♪♩ ♩｜ 　パタパタシュシュ　パタパタシュシュ みなさんも先生といっしょにやってみましょう。 こんなリズムもできますよ。 $\frac{4}{4}$ ♩ ♩ ｜♩ ♩ ♩ ｜ 　ピュアー　ピュアー　シュ シュ ピュアー	○ いろいろな国の旗の写真を準備しておく ○ 旗の動きを擬音（オノマトペ）にしてその言葉にリズムをつけて打つ。子どもたちが理解できるように、ゆっくりとおこなう。 ○ しっかりと教師を見ながら、「パタパタシュシュ」と言ってリズムを打っているか、確認する。
4	リズムをつくる 2人組になって、旗の動きの言葉を考えて、その言葉にリズムをつけて手を打ってみましょう。	○ 2人できちんと相談してリズムを創ることができるように、子どもたちの様子を観察しながら、必要に応じてアドバイスする。
5	考えたリズムを発表する。	評価：グループで動きをあわせながら、言葉にあったリズムをつくっている。（評価基準●） ← 130 ページ「6」参照

6	学習を振り返り、次時の活動を確認する。	
	・友だちと動きをあわせながら、だんだん強くしたり、だんだん弱くしたりしてうたえたね。 ・次の授業では、違う活動でリズムを創ってみましょう。	○次時に向けての意欲を高めるために、グループそれぞれのよさや、今日の伸びを大いにほめる。

日のまる

高野辰之　作詞
岡野貞一　作曲

ワンポイント・アドバイス

　ハンドサインをつけながらドレミでうたいましょう。歌詞でうたうときには、アの母音を明るく開け、フレーズのまとまりを感じながら、うたうようにしましょう。

日のまる

高野辰之　作詞
岡野貞一　作曲

♩=104

しろ じ に あ か く　　ひ の ま る そ め て
あ お ぞ ら た か く　　ひ の ま る あ げ て

あ あ う つ く し い　　に ほ ん の は た は

🎼 **ワンポイント・アドバイス**

　歌の旋律となるソプラノと、左手のバス以外の内声は、静かに弾きましょう。とてもきれいな響きになります。

「さんぽ」部分指導案

8．本時の学習指導（2/4時）

（1）目　　標　拍を感じながらうたったり動いたりすることができる

（2）教　　材　「さんぽ」「なまえあそび」

（3）学習活動

	学習活動	教師の手立てと工夫
1	前回学習した「ひらいたひらいた」をおこない、楽しく学習することができる雰囲気をつくる。	○ 前回おこなった動きのグループで、開いたりつぼんだりの動作をしながら、強弱表現の楽しさを思い出す。 ○ 教師は、子どもたちといっしょに、表情豊かしっかりとうたってあげる。
2	本時のめあてをつかむ。 「さんぽ」をCDにあわせて、みんなでうたってみる。	○ 歌詞を黒板（ホワイトボード）に貼る。
3	うたいながら動作をする。 教師があらかじめ決めた♪、♩、♩の3種類の動作をしながら、CDにあわせて動き、同時に子どもたちもその動きを見ながら、同時に動く。	○ 教師の動きは、フレーズで替えるようにする。1番でCDを止め、歌にあわせてできていたかを確認する。 ○ 次時に自分たちで動作を考え、うたいながらおこなうことを予告する。
4	「なまえあそび」 教師の打つ拍（♩）にあわせて、子どもたちも手を打ちながら名前を呼ばれたら返事をする。 4/4 ♩ ♩ ♩ ♩ ♩ ♩ ♩ ♩ 　　○　○　さん　　は　あ　い	○ 先生→○○さん、子ども→はあい ○ 教師の打つ拍は手拍子ではなく、ウッド・ブロックかクラベスのように、子どもたちにしっかりと音が伝わるものを使用する。 ○ 本時は導入なので、教師が打つ拍は一定のテンポを保つように配慮する。 ○ グループを回りながらサポートする。

5	「なまえあそび」を3人組でおこなう。	
	3人のうち1人を教師役に決め、残る2人のうちどちらかの名前を呼び、呼ばれた子どもは返事をする。	
	次に教師役を交代しておこなう。	
	3人が教師役をおこなったあと、最初の教師役の子どもに戻り、名前を呼ばれた子どもがすぐに教師役となり次に続けるようにする。	評価：3人で協力しあいながら、ルールを理解し楽しくておこなっている。（評価基準●）← 130ページ「6」参照
	学習を振り返り、次時の活動を確認する。 ・友だちと同じ速さで手を打ちながら、名前を呼んだり、返事をしたりできたね。 ・次の授業では、友だちの名前ではなく物の名前で「なまえあそび」をしてみよう。	○ 次時に向けての意欲を高めるために、グループそれぞれのよさや、今日の伸びを大いにほめる。

🎼 ワンポイント・アドバイス 〜〜〜〜〜〜〜〜〜〜〜〜〜〜〜〜〜〜〜

　右の楽譜とコードネームを見ながら、自分で伴奏を考えてみましょう。

おすすめ簡単伴奏
〈オクターブ伴奏〉

さんぽ
～となりのトトロより～

中川李枝子　作詞
久石　譲　作曲

[使用コード]

第3部

II．リトミックを応用した小学2年生の音楽

執筆：杉本 明

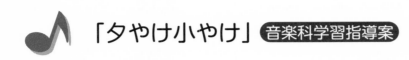

「夕やけ小やけ」 音楽科学習指導案

第2学年　音楽科学習指導案

実施日時　◎◎◎◎年□月△日　第3校時
指導学級　○○○市立　○○○小学校
第2学年　○組（○○名）
実習生　○○○○　印　（指導教諭　○○○○）

1．題材名「ようすを思い浮かべよう」（6時間扱い）

2．題材設定の趣旨

　本題材は、「様子を思い浮かべながら音楽を聴くこと」「場面の様子にあうようにうたったりすること」を内容としている。これは【学習指導要領　第1学年・第2学年の［共通事項］（1）ア】をおさえたものである。

　具体的には、

① 「チャレンジ」で、子どもたちにとってなじみの深い「夕やけ小やけ」を扱い、さらに楽曲の変化で様子が変化していく感覚を味わうことができる「人形のゆめと目ざめ」を聴くことによって、イメージをしっかりつかむきっかけをつくること。
② 「できるよ」で、「夕やけ小やけ」や「海とおひさま」「小ぎつね」の歌詞が表す情景や気持ちを想像して、いろいろな気持ちを考えることができ、それを音楽表現できるようにすること。
③ 「発表しよう」で、「夕やけ小やけ」や「海とおひさま」「小ぎつね」のうち1曲を選択して、グループで練習をおこない、考えたことを皆で協力してしっかりと表現できるようにすること。

の3つの活動をおこなう。

3．児童の実態

　本学級の子どもたちは、感じたことをしっかり発表したりすることが大好きであり、教師の投げかけに対する反応も非常によい。また、朝や帰りの会を通して、さまざまな意見や考えを出しあって話しあうことも定着してきている。

　ただし、まだ一部の子どもたちは、「友だちの意見をしっかりと聞いてから、自分の意見を伝える」ことができていないので、今回は、音楽の授業を通して「グループで相談しながら他者の意見も取り入れていく力」を少しずつ養っていき、相手の気持ちも大切にしながら、自分の意見をしっかりと言える場面をつくっていけるようにしたい。

４．題材の目標

① 楽曲が持っているイメージをつかむ

② 歌詞が表す情景や気持ちを想像することができる。

③ 歌詞が表す情景や気持ちを強弱表現・速度表現できるようにする。

５．教材と教材選択の観点

① 教材：「夕やけ小やけ」「人形のゆめと目ざめ」「海とおひさま」「小ぎつね」

② 観点：「夕やけ小やけ」（中村雨紅作詞／草川 信作曲）と「小ぎつね」（勝 承夫日本語訳詞／ドイツ民謡）は、古くからから広く子どもたちに親しまれており、歌詞の意味をしっかりと理解してうたうことができる曲である。

「人形のゆめと目ざめ」（エステン作曲）は、音楽の感じが変化していくところがはっきりとしていてわかりやすく、情景を思い浮かべやすい鑑賞教材である。

「海とおひさま」（高木あきこ作詞／橋本祥路作曲）は、歌詞が具体的な情景を表しているので、歌詞のようすを思い浮かべることが容易であり、強弱表現の導入にふさわしい曲である。

６．評価基準

ア．様子を思い浮かべながら聴いたりうたったりできる。（表現に対する思い）

イ．グループで協力して表現方法を考えることができる。（協働して音楽をする楽しさ）

７．題材の学習指導計画（全６時間扱い）「ようすを思い浮かべよう」

「夕やけ小やけ」「人形のゆめと目ざめ」「海とおひさま」「小ぎつね」

第一次「チャレンジ」〜曲想と歌詞の表す情景を思い浮かべながら音楽と関わる〜

（評価基準ア．）（１時間）

「夕やけ小やけ」

・ 範奏の CD を聴き、どのような「ゆうやけ」を思い浮かべたかを、隣の友だちと話しあう

・ 教師が用意した写真を見ながら、自分が思い浮かべた「ゆうやけ」と比べてみる

・ ２番までうたえるようにする

「人形のゆめと目ざめ」

・ 教師が用意したイラストを見ながら CD を聴き、音楽の変わる様子を隣の友だちと確認する

・ 人形はどのような夢を見ていたのか、隣の友だちと話しあい、その内容を発表する

・ 人形が目覚めたと感じたのはどうしてかを、隣の友だちと話しあう

第二次「できるよ」〜歌詞の表す情景を、強弱をともなって表現できる〜

（評価基準ア．イ．）（３時間）

「夕やけ小やけ」

・ 歌詞の意味を考えながら、教師といっしょに情景を想像する

・ ４〜６人組になり、歌詞の情景にあった強さを考え、その強さでうたう練習をする

「海とおひさま」
- 3番までうたったあと4～6人組になり、それぞれの歌詞の情景を考えながら、どのくらいの速さと強さでうたったらよいかを話しあい、相談した方法でうたってみる

「小ぎつね」
- 3番までうたったあと4～6人組になり、それぞれの歌詞の情景を考えながら、どのくらいの速さと強さでうたったらよいかを話しあい、相談した方法でうたってみる
- 歌をドレミでうたって音を覚え、鍵盤ハーモニカで演奏できるようにする
- 考えた強さと速さを、鍵盤ハーモニカで表現してみる
  （強いときは全員で・弱いときは2～3人で）

第三次「発表しよう」～グループで相談しながら、いろいろなうたい方（演奏法）を創り出す～

（評価基準ア．イ．）（2時間）

〈発表の準備と練習〉
- 第二次でおこなった曲のうち1曲を選んで、グループで発表に向けて練習する
  ※「小ぎつね」は、〔歌〕にするか〔鍵盤ハーモニカの演奏〕にするのかを選択する

〈発表〉
- グループごとに練習した曲を発表する

8．本時の学習指導（1/6時）

（1）目　　　標　歌詞と曲想の表す情景を思い浮かべながら音楽と関わることができる

（2）教　　　材　「夕やけ小やけ」「人形のゆめとめざめ」

（3）学習活動

	学習活動	教師の手立てと工夫
1	「夕やけ小やけ」 範奏のCDを聴きイメージをつくる。 どのような夕やけを思い浮かべたかな？ お隣のお友だちと話しあってみよう	
2	話しあったことを発表しよう。 お互いにどのような夕やけの景色だったかを、簡単に発表する。	○ 子どものよい発想を積極的に取り上げ、表現意欲を高める。
3	本時のめあてをつかむ。 教師が提示した写真を見て、自分の思っていた夕やけと写真とを比べてみる。 2番までうたえるようにし、 自分が思っていた夕やけを音にするのは、どのくらいの強さでうたったらいいかな？ 隣の友だちと話しあい2人でお互いのに考えた強さでうたってみる。	○ 少しゆっくりと、交互唱しながら歌詞の意味を考えながらうたうように促す。 ○ 1人で考えてみる。 ○ 指名した子どもにうたってもらい、それを聴いている子どもたちは、歌の強弱にあわせて両腕を広げたり、縮めたりする。
4	「人形のゆめとめざめ」 教師が用意したのイラストを見ながらCDを聴く。 音楽の変わる様子を、隣の友だちと確認する。	○ イラストを指差しながら、しっかり聴くように促す。 ○ 隣の友だちとも確認ができるように伝える。
5	目覚めたと感じた理由。 人形が目覚めたと感じたのはどうしてか、隣の友だちと話しあい、発表する 学習を振り返り、次時の活動を確認する。 ・友だちとしっかりと考えることができたね。 ・次の授業では、「夕やけ小やけ」のうたい方をグループで考えてみよう。	○ 何組か発表させたら、その発表と違う意見の組があるかを尋ねてみる。 評価：情景にあった理由を言えている。 （評価基準 ア．） ○ 次時に向けての意欲を高めるために、個々のよさや、今日の伸びを大いにほめる。

夕やけ小やけ

中村雨紅　作詞
草川　信　作曲

♩ **ワンポイント・アドバイス**

　小学2年生の歌唱教材についても、それぞれ簡易伴奏と本伴奏の2種類の楽譜が用意されています。どちらかを選んで練習しましょう。

夕やけ小やけ

中村雨紅　作詞
草川　信　作曲

※ 1小節目の「con *8va*」と指示された「ド」は、書かれている音の1オクターヴ下の「ド」を演奏します。

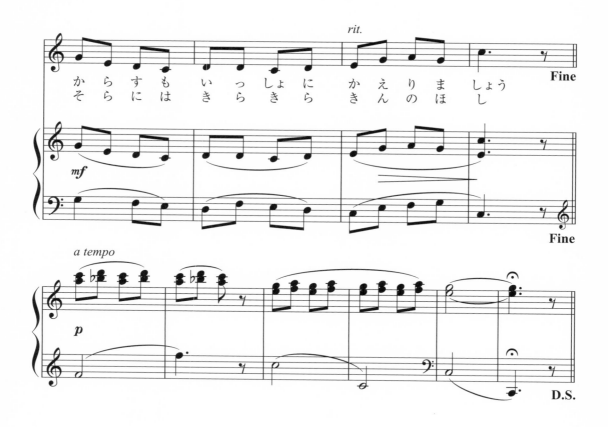

「春がきた」 部分指導案

8．本時の学習指導（4/6 時）

（1）目　　標　音（リズム）をあわせて楽しもう

（2）教　　材　「こぐまの二月」「春がきた」「春のまきば」

（3）学習活動

	学習活動	教師の手立てと工夫
1	2/6 と 3/6 で学習した「こぐまの二月」（平井多美子作詞／市川都志春作曲）をおこなって学習の雰囲気をつくる。	○ 鍵盤ハーモニカのグループと、歌の子どもたちに分かれて合奏（合唱）し、音をあわせる楽しさを味わって、表現する意欲を高める。
2	前回の「春がきた」の6人組になり、「春のまきば」（阪田寛夫作詞／市川都志春作曲）の 　①♪♩　♪♩　♩ と 　②♪♩　♪♩ のリズム練習をおこなう。 a）板書したリズムを見ながら、①と②のリズムをそれぞれ別々に、グループで打つ練習をする。 b）グループで♪、♩　、♩　の3種のリズムを打つ2人を決め、教師のタンブリンのリズムにあわせて、自分の担当のリズムを打つ。 　c）リズムが上手に打てるようになったので、「春のまきば」をうたいながら、歌のリズムも打ってみましょう。	○「春のまきば」は、前回教師との交互唱でうたっているが、もう一度全員でうたい、思い出すこと。 ○ しっかりと音価を打っているかを、確認する。 ○ 教師は少しゆっくりとリズムを打ち、2人のタイミングがあっているか、リズムがビートに乗って表現できているかを観察する。 ○ シンコペーションのリズム（♪♩　♪）を、しっかりと打ちながらうたっているかを確認する。
3	本時のめあてをつかむ。 　グループで「春がきた」のメロディーのリズムを打つ3人と、「春のまきば」のメロディーのリズムを打つ3人に分かれ、うたわずにリズムだけを同時に打つ練習をしましょう。	○ 6人で、きちんとリズムを打てることができるように、それぞれのグループを回りながら、サポートする。
4	歌にあわせそれぞれのリズムを同時に打つ。1グループずつ、リズムをうたわずに打ち、他のグループは自分が担当しているリズムの歌を、リズムを打たずにうたう。 練習をする。	評価：自分が担当している歌と同じリズムを、他のリズムにつられることなく、しっかりと打つことができる。（評価基準●）※

5	学習を振り返り、次時の活動を確認する。	○ 次時に向けての意欲を高めるために、各グルー
	・ 歌にあわせてリズム打つことができたね。	プのよさや、今日の伸びを大いにほめる。
	・ 次の授業では、リズムを打たずに、歌だけで併	
	せてみよう。	

※ 評価基準については、各題材によってその内容が違うため、記号の部分を「●」として表記しています。詳しくは
149 ページ「6. 評価基準」を参照してください。

春がきた

高野辰之　作詞
岡野貞一　作曲

♪ ワンポイント・アドバイス

春の訪れを感じ、幸せな気持ちになる歌ですね。喜びを感じながら弾き歌いしましょう。

春がきた

高野辰之　作詞
岡野貞一　作曲

♩=120

ワンポイント・アドバイス

8小節目、左手は、親指のソを控えめに出し、シファミレの流れをきれいに浮き立たせましょう。

「かくれんぼ」 部分指導案

8．本時の学習指導（4/4 時）

（1）目　　標　「かくれんぼ」を通して強弱表現を身につける
（2）教　　材　「小犬のビンゴ」「かくれんぼ」
（3）学習活動

	学習活動	教師の手立てと工夫
1	1/4 と 2/4 で学習した「小犬のビンゴ」（志摩桂作詞／アメリカのあそび歌）をおこなって学習の雰囲気をつくる。	○ カードを持つ人を決め、カードが下がっているときはうたわずに手を打つことを思い出させ、ゲームのように楽しい雰囲気をつくり出す。
2	前回の「かくれんぼ」をうたってみる。 a）「もういいかい」とうたうときと、「まあだだよ」とうたうときの強さを変えてみる。 「もういいかい」「まあだだよ」を何回か繰り返してうたいます。そのとき、どのような強さでうたったらよいかをグループで話しあってみましょう。 b）うたい方が決まったら、グループで練習をはじめる。	○「かくれんぼ」は、前回教師との交互唱でうたっているが、もう一度全員でうたい、「かくれんぼ」の楽しい様子を思い出すこと。 ○ あらかじめ決めておいたグループに分かれて、何回繰り返すか、どのように強さを変化させるか、話しあわせる。 ○ 教師はそれぞれのグループを回りながら、しっかりと表現ができるようにアドバイスをする。（1 回目と 2 回目は同じうたい方にするのか、それとも違ったうたい方にするのか etc.）
3	本時のめあてをつかむ。 強さを表して上手にうたえるようになってきたので、強くうたうときと、弱くうたうときのポーズ（動作）を考えてみましょう。 グループで「かくれんぼ」をうたいながら、いろいろなポーズをみんなで考える。	○ 教師自身が、強くうたうときのポーズのみ、例としておこなってみる。 ○ 教師はグループを回りながら、きちんとポーズをつくっているか、確認する。
4	〈発表〉 グループごとに皆のまえで考えたポーズをしながら、「かくれんぼ」をうたう。	評 価：自分たちがうたっている強さとポーズが、一致している。（強い→大きい・弱い→小さい・だんだん強い→だんだん大きく etc.……） （評価基準●）← 149 ページ「6」参照

5	学習を振り返り、次時の活動を確認する。	
	・歌の強さとポーズがしっかりあっていましたね。 ・次の授業は、新しい歌に入ります。	○ 次時に向けての意欲を高めるために、各グループのよさや、今日の伸びを大いにほめる。

おすすめ簡単伴奏
〈オスティナート伴奏〉

かくれんぼ

林　柳波　作詞
下総皖一　作曲

♪=116

かくれんぼ するもの
よっといで じゃんけん ぽんよ あいこで しょ
もう いい かい まあ だ だい よ
もう いい かい まあ だ だい
もう いい かい もう だ い よ

1, 2.　3.

♪ ワンポイント・アドバイス

　左手がオスティナートふうになっています。「もういいかい」「まあだだよ」と言いあって、遊んでいる様子を表現しましょう。最後の「もういいよ」は、遠くに隠れた感じがするように、弱く弾くのはどうでしょう。

かくれんぼ

林　柳波　作詞
下総皖一　作曲

「虫のこえ」 部分指導案

8．本時の学習指導（5/6時）

（1）目　　標　「虫のこえ」を通してさまざまな音色に興味を持たせる
（2）教　　材　「かぼちゃ」「虫のこえ」
（2）学習活動

	学習活動	教師の手立てと工夫
1	2/6 と 3/6 で学習した「かぼちゃ」をうたって学習の雰囲気をつくる。	○ 前回、グループで考えた振りを思い出させ、グループごとに集まって、動きながらうたってみる。
2	「秋の虫」についてイメージしてみる。 これから聞こえる虫の声は、秋になるとみなさんのお家や、その近くで聞こえてくる声です。どんな虫か写真も見せるので、名前を考えて、わかったら手を挙げて答えましょう。 a）たくさん名前が出てきたところで教科書を開き、「虫の声」を 2 番まで、教師と交互唱でうたう。 b）歌がしっかりうたえるようになったら、教師がさまざまな簡易打楽器の音を出し、どの楽器がどの虫の声に近いか、グループで話しあってみる。	○「虫のこえ」は、今回はじめて扱う教材なので、「まつむし」「すずむし」「こおろぎ」「くつわむし」「うまおい」の声を CD で聞き、虫の名前を当てるゲームをおこなう。 ○ 教科書はまだ開かず、CD と写真に集中させる。 ○ あらかじめ決めておいたグループに分かれて、話しあわせる。 　教師は、トライアングル・カスタネット・すず・ギロ・カバサなどで、いろいろと音を出してみる。
3	本時のめあてをつかむ 「まつむし」「すずむし」「こおろぎ」「うまおい」の打楽器がそれぞれ決まったら、どのように音を出したらよいか、打楽器で音を出しながらグループで相談しましょう。	○ 教師は、グループで決めた打楽器を配ったあと（4 種類以内）、グループを回りながら演奏方法をアドバイスする。
4	〈発表のために〉 次回、グループで相談した打楽器の演奏方法を、打楽器を演奏する人と、歌をうたう人に分かれグループごとに発表すると伝え、担当を決めるように促す。	

5	学習を振り返り、次時の活動を確認する。	評価：自分たちで、しっかりと話しあい、演奏方法を工夫している。（評価基準●）← 149ページ「6」参照
	・グループでしっかりと話しあって、演奏方法が決まりましたね。 ・次の授業は、今日の続きを練習して発表をしましょう。	○次時に向けての意欲を高めるために、各グループのよさや、今日の伸びを大いにほめる。

虫のこえ

林　柳波　作詞
下総皖一　作曲

虫のこえ

林　柳波　作詞
下総皖一　作曲

あきのよながを　なきとおす

ああおもしろい　むしのこえ

🎼 ワンポイント・アドバイス 〜〜〜〜〜〜〜〜〜〜〜〜〜〜〜〜〜〜〜〜〜〜〜

　まつむし、鈴虫、こおろぎ、くつわむし、うまおい……いろいろな秋の虫が登場します。虫の形や鳴き声を調べてみましょう。左手の三和音は、うるさくならないようにバランスを考えて弾きましょう。

「ドレミのうた」 部分指導案

8. 本時の学習指導（2/4 時）

（1）目　　標　「ドレミのうた」を通して音の高さの違いを感じ取る

（2）教　　材　「かえるのがっしょう」「ドレミのうた」

（3）学習活動

	学習活動	教師の手立てと工夫
1	前回学習した「かえるのがっしょう」（岡本敏明作詞／ドイツ民謡）を鍵盤ハーモニカで演奏し、学習の雰囲気をつくる。	○ 前回の「輪奏」（カノン）を、思い出させて、グループごとに8拍遅れで演奏する。
2	〈音の高さ〉をイメージしてみる。 両手を膝に置いて、ドレミ……と音階をうたいながら、両手を少しずつ持ち上げていきます。先生と同じように動かしましょう。 両手を高く持ち上げて、ドシラ……と音階をうたいながら、両手を少しずつ下げていきます。先生と同じように動かしましょう。今度は、ドレミファソラシド・ドシラソファミレドを続けてみましょう。	○「ドレミファソラシド」と教師といっしょに音階をうたいながら、両腕を持ち上げていくことで、音が少しずつ高くなっていく感覚を味わう。 ○「ドシラソファミレド」と教師といっしょに音階をうたいながら両腕を下げ、最後のドで両手を膝に置く。 ○教師といっしょに、両腕を上下動しながらうたう。

3	本時のめあてをつかむ	○ 教師はCDにあわせてうたいながら、階名（ドレミ……）のところで、両手を上下動させる。2～3回おこなって、腕の動きで音の高さをしっかりと感じ取らせる。
	「ドレミのうた」を聴きましょう。知っている人はいっしょにうたってみましょう。音楽にあわせて先生が両手を動かすので、みなさんもいっしょに動かしてみましょう。	
4	配布したプリントの「ドレミファソラシド」のイラストを、指差ししながらもう一度音楽にあわせてうたってみる。	○ 教師は、イラストの拡大版を黒板（ホワイトボード）に貼って大きな動作で指示棒などでドレミ……を指す。
5	学習を振り返り、次時の活動を確認する。	
	・音を指差ししながらしっかりとうたえましたね。・次の授業は、ドレミ……の音をまねっこしてうたう「あそび」をしますよ。	評価：自分の考えでしっかりと音を指差しし、うたっている。（評価基準●）← 149ページ「6」参照○ 次時に向けての意欲を高めるために、集中してできたことを大いにほめる。

♪ ワンポイント・アドバイス

ドレミの言葉にあわせてハンドサインをつけながらうたってみましょう。

〈コード伴奏のつけ方の例〉
　　・最初から、「しあわせよー」まで→中抜き伴奏
　　・「うたいましょうー」→オクターブ伴奏
　　・「ドレミファソラシドドシラソファミレ」→左手も、同じ音で弾く。（ユニゾン）
　　・「ドミミ」から最後まで→中抜き伴奏。

　二声の部分は、上声のメロディを弾くとよいでしょう。
　また、二声になっているところを子どもたちがうたう場合は、上声のメロディ、下声のメロディを十分に練習してからあわせましょう。

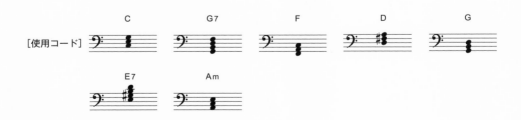

ドレミのうた

ペギー葉山　日本語詞
リチャード・ロジャーズ　作曲

付　録
「グッデー・グッバイ」
「BELIEVE」

　「グッデー・グッバイ」と「BELIEVE」の2曲は、小学校音楽の教科書で扱われているだけでなく、小学生がよく口ずさんでいる楽曲の代表的なものです。オリジナルの伴奏より少し簡単に弾けるようにアレンジしてありますので、しっかり練習して、子どもたちといっしょに伴奏しながらうたえるように、《弾き歌い》にチャレンジしてみてください。

グッデー・グッバイ

伊藤良一　作詞
内田勝人　作曲
杉本　明　編曲

指使いは自分で考えましょう

Swing ♩=110 (♫ = ♩♪)

1. あなたとあえて　―　ほんとによかった　―
2. はなさくえだに　―　きせつがめぐって　―
3. わすれはしない　―　さよならしたって　―

や さ し い こ こ ろ を あ り が と い い
あ な し に う た ぜ は あ く た か い
い つ で に も か っ た り

♪ ワンポイント・アドバイス 〜〜〜〜〜〜〜〜〜〜〜〜〜〜〜〜〜〜〜〜

　Swing（♫ = ♩♪）は、♫のリズムを♩♪と変えて演奏します。♫を打っていて、2番目の♪を抜いて打つと♩♪のリズムを表現できます。このリズム打ちを練習してから、ピアノを弾いてみましょう。

172

BELIEVE

杉本竜一　作詞
　　　　　作曲
杉本　明　編曲

指使いは自分で考えましょう

♩=92〜100

1. たとえばきみが― きずついて　くじけそう　に
2. もしもだれかがき みのそばで　なきだしそう　に

なっ たときは　かならずぼくが　そばにいて　さ
なっ たときは　だま―ってうでを　とりながら

さ え て あ げ る よ そ の か た を せ か い
いっ しょ に あ る い て くれ る よ ね せ か い

じゅ う の き ほ う の せ て
じゅ う の や さ し さ ー で

simile

こ の ち きゅ う は ま わ ー って
こ の ち きゅ う を つ つ み た

ワンポイント・アドバイス

　繰り返し記号をしっかり確認しましょう（|1_____| |2_____| など）。子どもたちといっしょに、どのような強弱表現をするか（ *p* 、 *f* 、 <_____ 、 >_____ など）をイメージして表情豊かに弾いてみましょう。

付　録
評価シート

　子どもたちといっしょにうたうための弾き歌いは、ソロの演奏とは少し異なるものでしょう。子どもたちの表現を支えられるように努力していきましょう。このシートは、練習の目標を明確にするためのものです。この評価シートが練習のモチベーションになるよう、自由に工夫して使ってください。

弾き歌い評価シート

（　　　）名前

項目	点数	評　価　基　準		項目	点数	評　価　基　準
流れ	3	止まらず、スムーズに弾けた。		速さ	3	うたいやすい速さで弾けた。
	2	1回止まった。			2	少し早（遅）過ぎた。
	1	2回～3回止まった。			1	とても早（遅）過ぎた。
	0	4回以上止まった。			0	速さがわからない弾き方だった。
歌	3	心を込めてのびのびとうたえた。		指使い	3	適切な指使いで弾けた。
	2	もう一息だが、うたえた。			2	1カ所、不自然だった。
	1	明瞭さ、音程などが気になる。			1	2カ所、不自然だった。
	0	うたわなかった。			0	3カ所以上、不自然だった。
リズム	3	正しいリズムで弾けた。				
	2	理解しているがやや不正確。				※1曲15点満点。
	1	1カ所、間違っていた。				※　　は、不合格。
	0	2カ所以上、間違っていた。				

評価基準を確認しながら、確認テストの準備をしましょう。

日時	曲目	評　価　項　目					合否
		流　れ	歌	リズム	速　さ	指使い	
／	①	3 2 1 0	3 2 1 0	3 2 1 0	3 2 1 0	3 2 1 0	合・否
／	②	3 2 1 0	3 2 1 0	3 2 1 0	3 2 1 0	3 2 1 0	合・否
／	③	3 2 1 0	3 2 1 0	3 2 1 0	3 2 1 0	3 2 1 0	合・否
／	④	3 2 1 0	3 2 1 0	3 2 1 0	3 2 1 0	3 2 1 0	合・否
／	⑤	3 2 1 0	3 2 1 0	3 2 1 0	3 2 1 0	3 2 1 0	合・否
／	⑥	3 2 1 0	3 2 1 0	3 2 1 0	3 2 1 0	3 2 1 0	合・否
／	⑦	3 2 1 0	3 2 1 0	3 2 1 0	3 2 1 0	3 2 1 0	合・否
／	⑧	3 2 1 0	3 2 1 0	3 2 1 0	3 2 1 0	3 2 1 0	合・否
／		3 2 1 0	3 2 1 0	3 2 1 0	3 2 1 0	3 2 1 0	合・否
／		3 2 1 0	3 2 1 0	3 2 1 0	3 2 1 0	3 2 1 0	合・否

□子どもたちにうたいかけるようにうたいましょう。

□左手を静かに弾きましょう。　　　　□指の形に気をつけましょう。

□爪の手入れをしましょう。　　　　　□練習の量を増やしましょう。

歌の評価シート

（　　　）　名前

項目	点数	評 価 基 準	項目	点数	評 価 基 準
表現	3	心を込めて内容が表現できた。	ドレミ唱	3	スムーズにドレミでうたえた。
	2	歌詞の内容を表現しようとした。		2	まあまあスムーズにうたえた。
	1	歌詞の理解がもうひと息だった。		1	1カ所、間違った。
	0	歌詞の内容が伝わらなかった。		0	2カ所以上、間違った。
発声	3	良い声がしっかりと出せた。	ハンドサイン	3	スムーズに動きがつけられた。
	2	まあまあ良い声が出せた。		2	まあまあスムーズにつけられた。
	1	声が少々小さかった。		1	1カ所、間違った。
	0	声が遠くまで届かなかった。		0	2カ所以上、間違った。
音程	3	正しい音程でうたえた。			※1曲15点満点。
	2	まあまあの音程でうたえた。			※ ▨ は、不合格。
	1	音程があいまいだった。			
	0	音程の差がはっきり感じられなかった。			

評価基準を確認しながら、確認テストの準備をしましょう。

日時	曲 目	評 価 項 目					合否
		表 現	発 声	音 程	ドレミ唱	サイン	
／	①	3 2 1 0	3 2 1 0	3 2 1 0	3 2 1 0	3 2 1 0	合・否
／	②	3 2 1 0	3 2 1 0	3 2 1 0	3 2 1 0	3 2 1 0	合・否
／	③	3 2 1 0	3 2 1 0	3 2 1 0	3 2 1 0	3 2 1 0	合・否
／	④	3 2 1 0	3 2 1 0	3 2 1 0	3 2 1 0	3 2 1 0	合・否
／	⑤	3 2 1 0	3 2 1 0	3 2 1 0	3 2 1 0	3 2 1 0	合・否
／	⑥	3 2 1 0	3 2 1 0	3 2 1 0	3 2 1 0	3 2 1 0	合・否
／	⑦	3 2 1 0	3 2 1 0	3 2 1 0	3 2 1 0	3 2 1 0	合・否
／	⑧	3 2 1 0	3 2 1 0	3 2 1 0	3 2 1 0	3 2 1 0	合・否
／		3 2 1 0	3 2 1 0	3 2 1 0	3 2 1 0	3 2 1 0	合・否
／		3 2 1 0	3 2 1 0	3 2 1 0	3 2 1 0	3 2 1 0	合・否

□子どもたちが幸せな気持ちになるようにうたいましょう。

□ことばがよくわかるようにうたいましょう。　　　□口のあけ方を工夫しましょう。

□ピアノで音程を確認しながら練習しましょう。　□練習の量を増やしましょう。

付　録

幼稚園教育要領

平成 29 年 3 月告示
文部科学省

教育は，教育基本法第1条に定めるとおり，人格の完成を目指し，平和で民主的な国家及び社会の形成者として必要な資質を備えた心身ともに健康な国民の育成を期すという目的のもと，同法第2条に掲げる次の目標を達成するよう行われなければならない。

1　幅広い知識と教養を身に付け，真理を求める態度を養い，豊かな情操と道徳心を培うとともに，健やかな身体を養うこと。

2　個人の価値を尊重して，その能力を伸ばし，創造性を培い，自主及び自律の精神を養うとともに，職業及び生活との関連を重視し，勤労を重んずる態度を養うこと。

3　正義と責任，男女の平等，自他の敬愛と協力を重んずるとともに，公共の精神に基づき，主体的に社会の形成に参画し，その発展に寄与する態度を養うこと。

4　生命を尊び，自然を大切にし，環境の保全に寄与する態度を養うこと。

5　伝統と文化を尊重し，それらをはぐくんできた我が国と郷土を愛するとともに，他国を尊重し，国際社会の平和と発展に寄与する態度を養うこと。

また，幼児期の教育については，同法第11条に掲げるとおり，生涯にわたる人格形成の基礎を培う重要なものであることにかんがみ，国及び地方公共団体は，幼児の健やかな成長に資する良好な環境の整備その他適当な方法によって，その振興に努めなければならないこととされている。

これからの幼稚園には，学校教育の始まりとして，こうした教育の目的及び目標の達成を目指しつつ，一人一人の幼児が，将来，自分のよさや可能性を認識するとともに，あらゆる他者を価値のある存在として尊重し，多様な人々と協働しながら様々な社会的変化を乗り越え，豊かな人生を切り拓（ひら）き，持続可能な社会の創り手となることができるようにするための基礎を培うことが求められる。このために必要な教育の在り方を具体化するのが，各幼稚園において教育の内容等を組織的かつ計画的に組み立てた教育課程である。

教育課程を通して，これからの時代に求められる教育を実現していくためには，よりよい学校教育を通してよりよい社会を創るという理念を学校と社会とが共有し，それぞれの幼稚園において，幼児期にふさわしい生活をどのように展開し，どのような資質・能力を育むようにするのかを教育課程において明確にしながら，社会との連携及び協働によりその実現を図っていくという，社会に開かれた教育課程の実現が重要となる。

幼稚園教育要領とは，こうした理念の実現に向けて必要となる教育課程の基準を大綱的に定めるものである。幼稚園教育要領が果たす役割の一つは，公の性質を有する幼稚園における教育水準を全国的に確保することである。また，各幼稚園がその特色を生かして創意工夫を重ね，長年にわたり積み重ねられてきた教育実践や学術研究の蓄積を生かしながら，幼児や地域の現状や課題を捉え，家庭や地域社会と協力して，幼稚園教育要領を踏まえた教育活動の更なる充実を図っていくことも重要である。

幼児の自発的な活動としての遊びを生み出すために必要な環境を整え，一人一人の資質・能力を育んでいくことは，教職員をはじめとする幼稚園関係者はもとより，家庭や地域の人々も含め，様々な立場から幼児や幼稚園に関わる全ての大人に期待される役割である。家庭との緊密な連携の下，小学校以降の教育や生涯にわたる学習とのつながりを見通しながら，幼児の自発的な活動としての遊びを通しての総合的な指導をする際に広く活用されるものとなることを期待して，ここに幼稚園教育要領を定める。

第1章　総　　則

第1　幼稚園教育の基本

幼児期の教育は，生涯にわたる人格形成の基礎を培う重要なものであり，幼稚園教育は，学校教育法に規定する目的及び目標を達成するため，幼児期の特性を踏まえ，環境を通して行うものであることを基本とする。

このため教師は，幼児との信頼関係を十分に築き，幼児が身近な環境に主体的に関わり，環境との

関わり方や意味に気付き，これらを取り込もうとして，試行錯誤したり，考えたりするようになる幼児期の教育における見方・考え方を生かし，幼児と共によりよい教育環境を創造するように努めるものとする。これらを踏まえ，次に示す事項を重視して教育を行わなければならない。

1　幼児は安定した情緒の下で自己を十分に発揮することにより発達に必要な体験を得ていくものであることを考慮して，幼児の主体的な活動を促し，幼児期にふさわしい生活が展開されるようにすること。

2　幼児の自発的な活動としての遊びは，心身の調和のとれた発達の基礎を培う重要な学習であることを考慮して，遊びを通しての指導を中心として第2章に示すねらいが総合的に達成されるようにすること。

3　幼児の発達は，心身の諸側面が相互に関連し合い，多様な経過をたどって成し遂げられていくものであること，また，幼児の生活経験がそれぞれ異なることなどを考慮して，幼児一人一人の特性に応じ，発達の課題に即した指導を行うようにすること。

その際，教師は，幼児の主体的な活動が確保されるよう幼児一人一人の行動の理解と予想に基づき，計画的に環境を構成しなければならない。この場合において，教師は，幼児と人やものとの関わりが重要であることを踏まえ，教材を工夫し，物的・空間的環境を構成しなければならない。また，幼児一人一人の活動の場面に応じて，様々な役割を果たし，その活動を豊かにしなければならない。

第2　幼稚園教育において育みたい資質・能力及び「幼児期の終わりまでに育ってほしい姿」

1　幼稚園においては，生きる力の基礎を育むため，この章の第1に示す幼稚園教育の基本を踏まえ，次に掲げる資質・能力を一体的に育むよう努めるものとする。

(1)　豊かな体験を通じて，感じたり，気付いたり，分かったり，できるようになったりする「知識及び技能の基礎」

(2)　気付いたことや，できるようになったことなどを使い，考えたり，試したり，工夫したり，表現したりする「思考力，判断力，表現力等の基礎」

(3)　心情，意欲，態度が育つ中で，よりよい生活を営もうとする「学びに向かう力，人間性等」

2　1に示す資質・能力は，第2章に示すねらい及び内容に基づく活動全体によって育むものである。

3　次に示す「幼児期の終わりまでに育ってほしい姿」は，第2章に示すねらい及び内容に基づく活動全体を通して資質・能力が育まれている幼児の幼稚園修了時の具体的な姿であり，教師が指導を行う際に考慮するものである。

(1)　健康な心と体
幼稚園生活の中で，充実感をもって自分のやりたいことに向かって心と体を十分に働かせ，見通しをもって行動し，自ら健康で安全な生活をつくり出すようになる。

(2)　自立心
身近な環境に主体的に関わり様々な活動を楽しむ中で，しなければならないことを自覚し，自分の力で行うために考えたり，工夫したりしながら，諦めずにやり遂げることで達成感を味わい，自信をもって行動するようになる。

(3)　協同性
友達と関わる中で，互いの思いや考えなどを共有し，共通の目的の実現に向けて，考えたり，工夫したり，協力したりし，充実感をもってやり遂げるようになる。

(4)　道徳性・規範意識の芽生え
友達と様々な体験を重ねる中で，してよいことや悪いことが分かり，自分の行動を振り返ったり，友達の気持ちに共感したりし，相手の立場に立って行動するようになる。また，きまりを守る必要性が分かり，自分の気持ちを調整し，友達と折り合いを付けながら，きまりをつくったり，守ったりするようになる。

(5)　社会生活との関わり
家族を大切にしようとする気持ちをもつとともに，地域の身近な人と触れ合う中で，人との様々な関わり方に気付き，相手の気持ちを考えて関わり，自分が役に立つ喜びを感じ，

地域に親しみをもつようになる。また，幼稚園内外の様々な環境に関わる中で，遊びや生活に必要な情報を取り入れ，情報に基づき判断したり，情報を伝え合ったり，活用したりするなど，情報を役立てながら活動するようになるとともに，公共の施設を大切に利用するなどして，社会とのつながりなどを意識するようになる。

(6) 思考力の芽生え

　　身近な事象に積極的に関わる中で，物の性質や仕組みなどを感じ取ったり，気付いたりし，考えたり，予想したり，工夫したりするなど，多様な関わりを楽しむようになる。また，友達の様々な考えに触れる中で，自分と異なる考えがあることに気付き，自ら判断したり，考え直したりするなど，新しい考えを生み出す喜びを味わいながら，自分の考えをよりよいものにするようになる。

(7) 自然との関わり・生命尊重

　　自然に触れて感動する体験を通して，自然の変化などを感じ取り，好奇心や探究心をもって考え言葉などで表現しながら，身近な事象への関心が高まるとともに，自然への愛情や畏敬の念をもつようになる。また，身近な動植物に心を動かされる中で，生命の不思議さや尊さに気付き，身近な動植物への接し方を考え，命あるものとしていたわり，大切にする気持ちをもって関わるようになる。

(8) 数量や図形，標識や文字などへの関心・感覚

　　遊びや生活の中で，数量や図形，標識や文字などに親しむ体験を重ねたり，標識や文字の役割に気付いたりし，自らの必要感に基づきこれらを活用し，興味や関心，感覚をもつようになる。

(9) 言葉による伝え合い

　　先生や友達と心を通わせる中で，絵本や物語などに親しみながら，豊かな言葉や表現を身に付け，経験したことや考えたことなどを言葉で伝えたり，相手の話を注意して聞いたりし，言葉による伝え合いを楽しむようになる。

(10) 豊かな感性と表現

　　心を動かす出来事などに触れ感性を働かせる中で，様々な素材の特徴や表現の仕方などに気付き，感じたことや考えたことを自分で表現したり，友達同士で表現する過程を楽しんだりし，表現する喜びを味わい，意欲をもつようになる。

第3　教育課程の役割と編成等

1　教育課程の役割

　　各幼稚園においては，教育基本法及び学校教育法その他の法令並びにこの幼稚園教育要領の示すところに従い，創意工夫を生かし，幼児の心身の発達と幼稚園及び地域の実態に即応した適切な教育課程を編成するものとする。

　　また，各幼稚園においては，6に示す全体的な計画にも留意しながら，「幼児期の終わりまでに育ってほしい姿」を踏まえ教育課程を編成すること，教育課程の実施状況を評価してその改善を図っていくこと，教育課程の実施に必要な人的又は物的な体制を確保するとともにその改善を図っていくことなどを通して，教育課程に基づき組織的かつ計画的に各幼稚園の教育活動の質の向上を図っていくこと（以下「カリキュラム・マネジメント」という。）に努めるものとする。

2　各幼稚園の教育目標と教育課程の編成

　　教育課程の編成に当たっては，幼稚園教育において育みたい資質・能力を踏まえつつ，各幼稚園の教育目標を明確にするとともに，教育課程の編成についての基本的な方針が家庭や地域とも共有されるよう努めるものとする。

3　教育課程の編成上の基本的事項

(1) 幼稚園生活の全体を通して第2章に示すねらいが総合的に達成されるよう，教育課程に係る教育期間や幼児の生活経験や発達の過程などを考慮して具体的なねらいと内容を組織するものとする。この場合において，特に，自我が芽生え，他者の存在を意識し，自己を抑制しようとする気持ちが生まれる幼児期の発達の特性を踏まえ，入園から修了に至るまでの長期的な視野をもって充実した生活が展開できるように配慮するものとする。

(2) 幼稚園の毎学年の教育課程に係る教育週

数は，特別の事情のある場合を除き，39週を下ってはならない。

（3）　幼稚園の１日の教育課程に係る教育時間は，４時間を標準とする。ただし，幼児の心身の発達の程度や季節などに適切に配慮するものとする。

4　教育課程の編成上の留意事項

　教育課程の編成に当たっては，次の事項に留意するものとする。

（1）　幼児の生活は，入園当初の一人一人の遊びや教師との触れ合いを通して幼稚園生活に親しみ，安定していく時期から，他の幼児との関わりの中で幼児の主体的な活動が深まり，幼児が互いに必要な存在であることを認識するようになり，やがて幼児同士や学級全体で目的をもって協同して幼稚園生活を展開し，深めていく時期などに至るまでの過程を様々に経ながら広げられていくものであることを考慮し，活動がそれぞれの時期にふさわしく展開されるようにすること。

（2）　入園当初，特に，３歳児の入園については，家庭との連携を緊密にし，生活のリズムや安全面に十分配慮すること。また，満３歳児については，学年の途中から入園することを考慮し，幼児が安心して幼稚園生活を過ごすことができるよう配慮すること。

（3）　幼稚園生活が幼児にとって安全なものとなるよう，教職員による協力体制の下，幼児の主体的な活動を大切にしつつ，園庭や園舎などの環境の配慮や指導の工夫を行うこと。

5　小学校教育との接続に当たっての留意事項

（1）　幼稚園においては，幼稚園教育が，小学校以降の生活や学習の基盤の育成につながることに配慮し，幼児期にふさわしい生活を通して，創造的な思考や主体的な生活態度などの基礎を培うようにするものとする。

（2）　幼稚園教育において育まれた資質・能力を踏まえ，小学校教育が円滑に行われるよう，小学校の教師との意見交換や合同の研究の機会などを設け，「幼児期の終わりまでに育ってほしい姿」を共有するなど連携を図り，幼稚園教育と小学校教育との円滑な接続を図るよう努めるものとする。

6　全体的な計画の作成

　各幼稚園においては，教育課程を中心に，第３章に示す教育課程に係る教育時間の終了後等に行う教育活動の計画，学校保健計画，学校安全計画などとを関連させ，一体的に教育活動が展開されるよう全体的な計画を作成するものとする。

第4　指導計画の作成と幼児理解に基づいた評価

1　指導計画の考え方

　幼稚園教育は，幼児が自ら意欲をもって環境と関わることによりつくり出される具体的な活動を通して，その目標の達成を図るものである。

　幼稚園においてはこのことを踏まえ，幼児期にふさわしい生活が展開され，適切な指導が行われるよう，それぞれの幼稚園の教育課程に基づき，調和のとれた組織的，発展的な指導計画を作成し，幼児の活動に沿った柔軟な指導を行わなければならない。

2　指導計画の作成上の基本的事項

（1）　指導計画は，幼児の発達に即して一人一人の幼児が幼児期にふさわしい生活を展開し，必要な体験を得られるようにするために，具体的に作成するものとする。

（2）　指導計画の作成に当たっては，次に示すところにより，具体的なねらい及び内容を明確に設定し，適切な環境を構成することなどにより活動が選択・展開されるようにするものとする。

　ア　具体的なねらい及び内容は，幼稚園生活における幼児の発達の過程を見通し，幼児の生活の連続性，季節の変化などを考慮して，幼児の興味や関心，発達の実情などに応じて設定すること。

　イ　環境は，具体的なねらいを達成するために適切なものとなるように構成し，幼児が自らその環境に関わることにより様々な活動を展開しつつ必要な体験を得られるようにすること。その際，幼児の生活する姿や発想を大切にし，常にその環境が適切なものとなるようにすること。

　ウ　幼児の行う具体的な活動は，生活の流れ

の中で様々に変化するものであることに留意し，幼児が望ましい方向に向かって自ら活動を展開していくことができるよう必要な援助をすること。

その際，幼児の実態及び幼児を取り巻く状況の変化などに即して指導の過程についての評価を適切に行い，常に指導計画の改善を図るものとする。

3　指導計画の作成上の留意事項

　指導計画の作成に当たっては，次の事項に留意するものとする。

(1)　長期的に発達を見通した年，学期，月などにわたる長期の指導計画やこれとの関連を保ちながらより具体的な幼児の生活に即した週，日などの短期の指導計画を作成し，適切な指導が行われるようにすること。特に，週，日などの短期の指導計画については，幼児の生活のリズムに配慮し，幼児の意識や興味の連続性のある活動が相互に関連して幼稚園生活の自然な流れの中に組み込まれるようにすること。

(2)　幼児が様々な人やものとの関わりを通して，多様な体験をし，心身の調和のとれた発達を促すようにしていくこと。その際，幼児の発達に即して主体的・対話的で深い学びが実現するようにするとともに，心を動かされる体験が次の活動を生み出すことを考慮し，一つ一つの体験が相互に結び付き，幼稚園生活が充実するようにすること。

(3)　言語に関する能力の発達と思考力等の発達が関連していることを踏まえ，幼稚園生活全体を通して，幼児の発達を踏まえた言語環境を整え，言語活動の充実を図ること。

(4)　幼児が次の活動への期待や意欲をもつことができるよう，幼児の実態を踏まえながら，教師や他の幼児と共に遊びや生活の中で見通しをもったり，振り返ったりするよう工夫すること。

(5)　行事の指導に当たっては，幼稚園生活の自然の流れの中で生活に変化や潤いを与え，幼児が主体的に楽しく活動できるようにすること。なお，それぞれの行事についてはその教育的価値を十分検討し，適切なものを精選し，

幼児の負担にならないようにすること。

(6)　幼児期は直接的な体験が重要であることを踏まえ，視聴覚教材やコンピュータなど情報機器を活用する際には，幼稚園生活では得難い体験を補完するなど，幼児の体験との関連を考慮すること。

(7)　幼児の主体的な活動を促すためには，教師が多様な関わりをもつことが重要であることを踏まえ，教師は，理解者，共同作業者など様々な役割を果たし，幼児の発達に必要な豊かな体験が得られるよう，活動の場面に応じて，適切な指導を行うようにすること。

(8)　幼児の行う活動は，個人，グループ，学級全体などで多様に展開されるものであることを踏まえ，幼稚園全体の教師による協力体制を作りながら，一人一人の幼児が興味や欲求を十分に満足させるよう適切な援助を行うようにすること。

4　幼児理解に基づいた評価の実施

　幼児一人一人の発達の理解に基づいた評価の実施に当たっては，次の事項に配慮するものとする。

(1)　指導の過程を振り返りながら幼児の理解を進め，幼児一人一人のよさや可能性などを把握し，指導の改善に生かすようにすること。その際，他の幼児との比較や一定の基準に対する達成度についての評定によって捉えるものではないことに留意すること。

(2)　評価の妥当性や信頼性が高められるよう創意工夫を行い，組織的かつ計画的な取組を推進するとともに，次年度又は小学校等にその内容が適切に引き継がれるようにすること。

第5　特別な配慮を必要とする幼児への指導

1　障害のある幼児などへの指導

　障害のある幼児などへの指導に当たっては，集団の中で生活することを通して全体的な発達を促していくことに配慮し，特別支援学校などの助言又は援助を活用しつつ，個々の幼児の障害の状態などに応じた指導内容や指導方法の工夫を組織的かつ計画的に行うものとする。また，家庭，地域及び医療や福祉，保健等の業務を行う関係機関との連携を図り，長期的な視点で

幼児への教育的支援を行うために，個別の教育支援計画を作成し活用することに努めるとともに，個々の幼児の実態を的確に把握し，個別の指導計画を作成し活用することに努めるものとする。

2　海外から帰国した幼児や生活に必要な日本語の習得に困難のある幼児の幼稚園生活への適応

　海外から帰国した幼児や生活に必要な日本語の習得に困難のある幼児については，安心して自己を発揮できるよう配慮するなど個々の幼児の実態に応じ，指導内容や指導方法の工夫を組織的かつ計画的に行うものとする。

第6　幼稚園運営上の留意事項

1　各幼稚園においては，園長の方針の下に，園務分掌に基づき教職員が適切に役割を分担しつつ，相互に連携しながら，教育課程や指導の改善を図るものとする。また，各幼稚園が行う学校評価については，教育課程の編成，実施，改善が教育活動や幼稚園運営の中核となることを踏まえ，カリキュラム・マネジメントと関連付けながら実施するよう留意するものとする。

2　幼児の生活は，家庭を基盤として地域社会を通じて次第に広がりをもつものであることに留意し，家庭との連携を十分に図るなど，幼稚園における生活が家庭や地域社会と連続性を保ちつつ展開されるようにするものとする。その際，地域の自然，高齢者や異年齢の子供などを含む人材，行事や公共施設などの地域の資源を積極的に活用し，幼児が豊かな生活体験を得られるように工夫するものとする。また，家庭との連携に当たっては，保護者との情報交換の機会を設けたり，保護者と幼児との活動の機会を設けたりなどすることを通じて，保護者の幼児期の教育に関する理解が深まるよう配慮するものとする。

3　地域や幼稚園の実態等により，幼稚園間に加え，保育所，幼保連携型認定こども園，小学校，中学校，高等学校及び特別支援学校などとの間の連携や交流を図るものとする。特に，幼稚園教育と小学校教育の円滑な接続のため，幼稚園の幼児と小学校の児童との交流の機会を積極的に設けるようにするものとする。また，障害のある幼児児童生徒との交流及び共同学習の機会を設け，共に尊重し合いながら協働して生活していく態度を育むよう努めるものとする。

第7　教育課程に係る教育時間終了後等に行う教育活動など

　幼稚園は，第3章に示す教育課程に係る教育時間の終了後等に行う教育活動について，学校教育法に規定する目的及び目標並びにこの章の第1に示す幼稚園教育の基本を踏まえ実施するものとする。また，幼稚園の目的の達成に資するため，幼児の生活全体が豊かなものとなるよう家庭や地域における幼児期の教育の支援に努めるものとする。

第2章　ねらい及び内容

　この章に示すねらいは，幼稚園教育において育みたい資質・能力を幼児の生活する姿から捉えたものであり，内容は，ねらいを達成するために指導する事項である。各領域は，これらを幼児の発達の側面から，心身の健康に関する領域「健康」，人との関わりに関する領域「人間関係」，身近な環境との関わりに関する領域「環境」，言葉の獲得に関する領域「言葉」及び感性と表現に関する領域「表現」としてまとめ，示したものである。内容の取扱いは，幼児の発達を踏まえた指導を行うに当たって留意すべき事項である。

　各領域に示すねらいは，幼稚園における生活の全体を通じ，幼児が様々な体験を積み重ねる中で相互に関連をもちながら次第に達成に向かうものであること，内容は，幼児が環境に関わって展開する具体的な活動を通して総合的に指導されるものであることに留意しなければならない。

　また，「幼児期の終わりまでに育ってほしい姿」が，ねらい及び内容に基づく活動全体を通して資質・能力が育まれている幼児の幼稚園修了時の具体的な姿であることを踏まえ，指導を行う際に考慮するものとする。

なお，特に必要な場合には，各領域に示すねらいの趣旨に基づいて適切な，具体的な内容を工夫し，それを加えても差し支えないが，その場合には，それが第1章の第1に示す幼稚園教育の基本を逸脱しないよう慎重に配慮する必要がある。

健康

〔健康な心と体を育て，自ら健康で安全な生活をつくり出す力を養う。〕

1 ねらい

(1) 明るく伸び伸びと行動し，充実感を味わう。

(2) 自分の体を十分に動かし，進んで運動しようとする。

(3) 健康，安全な生活に必要な習慣や態度を身に付け，見通しをもって行動する。

2 内容

(1) 先生や友達と触れ合い，安定感をもって行動する。

(2) いろいろな遊びの中で十分に体を動かす。

(3) 進んで戸外で遊ぶ。

(4) 様々な活動に親しみ，楽しんで取り組む。

(5) 先生や友達と食べることを楽しみ，食べ物への興味や関心をもつ。

(6) 健康な生活のリズムを身に付ける。

(7) 身の回りを清潔にし，衣服の着脱，食事，排泄などの生活に必要な活動を自分でする。

(8) 幼稚園における生活の仕方を知り，自分たちで生活の場を整えながら見通しをもって行動する。

(9) 自分の健康に関心をもち，病気の予防などに必要な活動を進んで行う。

(10) 危険な場所，危険な遊び方，災害時などの行動の仕方が分かり，安全に気を付けて行動する。

3 内容の取扱い

上記の取扱いに当たっては，次の事項に留意する必要がある。

(1) 心と体の健康は，相互に密接な関連があるものであることを踏まえ，幼児が教師や他の幼児との温かい触れ合いの中で自己の存在感や充実感を味わうことなどを基盤として，しなやかな心と体の発達を促すこと。特に，十分に体を動かす気持ちよさを体験し，自ら体を動かそうとする意欲が育つようにすること。

(2) 様々な遊びの中で，幼児が興味や関心，能力に応じて全身を使って活動することにより，体を動かす楽しさを味わい，自分の体を大切にしようとする気持ちが育つようにすること。その際，多様な動きを経験する中で，体の動きを調整するようにすること。

(3) 自然の中で伸び伸びと体を動かして遊ぶことにより，体の諸機能の発達が促されることに留意し，幼児の興味や関心が戸外にも向くようにすること。その際，幼児の動線に配慮した園庭や遊具の配置などを工夫すること。

(4) 健康な心と体を育てるためには食育を通じた望ましい食習慣の形成が大切であることを踏まえ，幼児の食生活の実情に配慮し，和やかな雰囲気の中で教師や他の幼児と食べる喜びや楽しさを味わったり，様々な食べ物への興味や関心をもったりするなどし，食の大切さに気付き，進んで食べようとする気持ちが育つようにすること。

(5) 基本的な生活習慣の形成に当たっては，家庭での生活経験に配慮し，幼児の自立心を育て，幼児が他の幼児と関わりながら主体的な活動を展開する中で，生活に必要な習慣を身に付け，次第に見通しをもって行動できるようにすること。

(6) 安全に関する指導に当たっては，情緒の安定を図り，遊びを通して安全についての構えを身に付け，危険な場所や事物などが分かり，安全についての理解を深めるようにすること。また，交通安全の習慣を身に付けるようにするとともに，避難訓練などを通して，災害などの緊急時に適切な行動がとれるようにすること。

人間関係

〔他の人々と親しみ，支え合って生活するために，自立心を育て，人と関わる力を養う。〕

1 ねらい

(1) 幼稚園生活を楽しみ，自分の力で行動することの充実感を味わう。

(2) 身近な人と親しみ，関わりを深め，工夫し

たり，協力したりして一緒に活動する楽しさ
を味わい，愛情や信頼感をもつ。

（3）　社会生活における望ましい習慣や態度を身
に付ける。

2　内容

（1）　先生や友達と共に過ごすことの喜びを味わ
う。

（2）　自分で考え，自分で行動する。

（3）　自分でできることは自分でする。

（4）　いろいろな遊びを楽しみながら物事をやり
遂げようとする気持ちをもつ。

（5）　友達と積極的に関わりながら喜びや悲しみ
を共感し合う。

（6）　自分の思ったことを相手に伝え，相手の
思っていることに気付く。

（7）　友達のよさに気付き，一緒に活動する楽し
さを味わう。

（8）　友達と楽しく活動する中で，共通の目的を
見いだし，工夫したり，協力したりなどする。

（9）　よいことや悪いことがあることに気付き，
考えながら行動する。

（10）　友達との関わりを深め，思いやりをもつ。

（11）　友達と楽しく生活する中できまりの大切
さに気付き，守ろうとする。

（12）　共同の遊具や用具を大切にし，皆で使う。

（13）　高齢者をはじめ地域の人々などの自分の
生活に関係の深いいろいろな人に親しみをも
つ。

3　内容の取扱い

上記の取扱いに当たっては，次の事項に留意
する必要がある。

（1）　教師との信頼関係に支えられて自分自身の
生活を確立していくことが人と関わる基盤と
なることを考慮し，幼児が自ら周囲に働き掛
けることにより多様な感情を体験し，試行錯
誤しながら諦めずにやり遂げることの達成感
や，前向きな見通しをもって自分の力で行う
ことの充実感を味わうことができるよう，幼
児の行動を見守りながら適切な援助を行うよ
うにすること。

（2）　一人一人を生かした集団を形成しながら人
と関わる力を育てていくようにすること。そ
の際，集団の生活の中で，幼児が自己を発揮

し，教師や他の幼児に認められる体験をし，
自分のよさや特徴に気付き，自信をもって行
動できるようにすること。

（3）　幼児が互いに関わりを深め，協同して遊ぶ
ようになるため，自ら行動する力を育てるよ
うにするとともに，他の幼児と試行錯誤しな
がら活動を展開する楽しさや共通の目的が実
現する喜びを味わうことができるようにする
こと。

（4）　道徳性の芽生えを培うに当たっては，基本
的な生活習慣の形成を図るとともに，幼児が
他の幼児との関わりの中で他人の存在に気付
き，相手を尊重する気持ちをもって行動でき
るようにし，また，自然や身近な動植物に親
しむことなどを通して豊かな心情が育つよう
にすること。特に，人に対する信頼感や思い
やりの気持ちは，葛藤やつまずきをも体験し，
それらを乗り越えることにより次第に芽生え
てくることに配慮すること。

（5）　集団の生活を通して，幼児が人との関わり
を深め，規範意識の芽生えが培われることを
考慮し，幼児が教師との信頼関係に支えられ
て自己を発揮する中で，互いに思いを主張し，
折り合いを付ける体験をし，きまりの必要性
などに気付き，自分の気持ちを調整する力が
育つようにすること。

（6）　高齢者をはじめ地域の人々などの自分の生
活に関係の深いいろいろな人と触れ合い，自
分の感情や意志を表現しながら共に楽しみ，
共感し合う体験を通して，これらの人々など
に親しみをもち，人と関わることの楽しさや
人の役に立つ喜びを味わうことができるよう
にすること。また，生活を通して親や祖父母
などの家族の愛情に気付き，家族を大切にし
ようとする気持ちが育つようにすること。

環境

〔周囲の様々な環境に好奇心や探究心をもって関わ
り，それらを生活に取り入れていこうとする力を養
う。〕

1　ねらい

（1）　身近な環境に親しみ，自然と触れ合う中で
様々な事象に興味や関心をもつ。

（2）　身近な環境に自分から関わり，発見を楽しんだり，考えたりし，それを生活に取り入れようとする。

（3）　身近な事象を見たり，考えたり，扱ったりする中で，物の性質や数量，文字などに対する感覚を豊かにする。

2　内容

（1）　自然に触れて生活し，その大きさ，美しさ，不思議さなどに気付く。

（2）　生活の中で，様々な物に触れ，その性質や仕組みに興味や関心をもつ。

（3）　季節により自然や人間の生活に変化のあることに気付く。

（4）　自然などの身近な事象に関心をもち，取り入れて遊ぶ。

（5）　身近な動植物に親しみをもって接し，生命の尊さに気付き，いたわったり，大切にしたりする。

（6）　日常生活の中で，我が国や地域社会における様々な文化や伝統に親しむ。

（7）　身近な物を大切にする。

（8）　身近な物や遊具に興味をもって関わり，自分なりに比べたり，関連付けたりしながら考えたり，試したりして工夫して遊ぶ。

（9）　日常生活の中で数量や図形などに関心をもつ。

（10）　日常生活の中で簡単な標識や文字などに関心をもつ。

（11）　生活に関係の深い情報や施設などに興味や関心をもつ。

（12）　幼稚園内外の行事において国旗に親しむ。

3　内容の取扱い

　　上記の取扱いに当たっては，次の事項に留意する必要がある。

（1）　幼児が，遊びの中で周囲の環境と関わり，次第に周囲の世界に好奇心を抱き，その意味や操作の仕方に関心をもち，物事の法則性に気付き，自分なりに考えることができるようになる過程を大切にすること。また，他の幼児の考えなどに触れて新しい考えを生み出す喜びや楽しさを味わい，自分の考えをよりよいものにしようとする気持ちが育つようにすること。

（2）　幼児期において自然のもつ意味は大きく，自然の大きさ，美しさ，不思議さなどに直接触れる体験を通して，幼児の心が安らぎ，豊かな感情，好奇心，思考力，表現力の基礎が培われることを踏まえ，幼児が自然との関わりを深めることができるよう工夫すること。

（3）　身近な事象や動植物に対する感動を伝え合い，共感し合うことなどを通して自分から関わろうとする意欲を育てるとともに，様々な関わり方を通してそれらに対する親しみや畏敬の念，生命を大切にする気持ち，公共心，探究心などが養われるようにすること。

（4）　文化や伝統に親しむ際には，正月や節句など我が国の伝統的な行事，国歌，唱歌，わらべうたや我が国の伝統的な遊びに親しんだり，異なる文化に触れる活動に親しんだりすることを通じて，社会とのつながりの意識や国際理解の意識の芽生えなどが養われるようにすること。

（5）　数量や文字などに関しては，日常生活の中で幼児自身の必要感に基づく体験を大切にし，数量や文字などに関する興味や関心，感覚が養われるようにすること。

言葉

〔経験したことや考えたことなどを自分なりの言葉で表現し，相手の話す言葉を聞こうとする意欲や態度を育て，言葉に対する感覚や言葉で表現する力を養う。〕

1　ねらい

（1）　自分の気持ちを言葉で表現する楽しさを味わう。

（2）　人の言葉や話などをよく聞き，自分の経験したことや考えたことを話し，伝え合う喜びを味わう。

（3）　日常生活に必要な言葉が分かるようになるとともに，絵本や物語などに親しみ，言葉に対する感覚を豊かにし，先生や友達と心を通わせる。

2　内容

（1）　先生や友達の言葉や話に興味や関心をもち，親しみをもって聞いたり，話したりする。

（2）　したり，見たり，聞いたり，感じたり，考

えたりなどしたことを自分なりに言葉で表現する。

(3)　したいこと，してほしいことを言葉で表現したり，分からないことを尋ねたりする。

(4)　人の話を注意して聞き，相手に分かるように話す。

(5)　生活の中で必要な言葉が分かり，使う。

(6)　親しみをもって日常の挨拶をする。

(7)　生活の中で言葉の楽しさや美しさに気付く。

(8)　いろいろな体験を通じてイメージや言葉を豊かにする。

(9)　絵本や物語などに親しみ，興味をもって聞き，想像をする楽しさを味わう。

(10)　日常生活の中で，文字などで伝える楽しさを味わう。

3　内容の取扱い

　　上記の取扱いに当たっては，次の事項に留意する必要がある。

(1)　言葉は，身近な人に親しみをもって接し，自分の感情や意志などを伝え，それに相手が応答し，その言葉を聞くことを通して次第に獲得されていくものであることを考慮して，幼児が教師や他の幼児と関わることにより心を動かされるような体験をし，言葉を交わす喜びを味わえるようにすること。

(2)　幼児が自分の思いを言葉で伝えるとともに，教師や他の幼児などの話を興味をもって注意して聞くことを通して次第に話を理解するようになっていき，言葉による伝え合いができるようにすること。

(3)　絵本や物語などで，その内容と自分の経験とを結び付けたり，想像を巡らせたりするなど，楽しみを十分に味わうことによって，次第に豊かなイメージをもち，言葉に対する感覚が養われるようにすること。

(4)　幼児が生活の中で，言葉の響きやリズム，新しい言葉や表現などに触れ，これらを使う楽しさを味わえるようにすること。その際，絵本や物語に親しんだり，言葉遊びなどをしたりすることを通して，言葉が豊かになるようにすること。

(5)　幼児が日常生活の中で，文字などを使いな

がら思ったことや考えたことを伝える喜びや楽しさを味わい，文字に対する興味や関心をもつようにすること。

表現

〔感じたことや考えたことを自分なりに表現することを通して，豊かな感性や表現する力を養い，創造性を豊かにする。〕

1　ねらい

(1)　いろいろなものの美しさなどに対する豊かな感性をもつ。

(2)　感じたことや考えたことを自分なりに表現して楽しむ。

(3)　生活の中でイメージを豊かにし，様々な表現を楽しむ。

2　内容

(1)　生活の中で様々な音，形，色，手触り，動きなどに気付いたり，感じたりするなどして楽しむ。

(2)　生活の中で美しいものや心を動かす出来事に触れ，イメージを豊かにする。

(3)　様々な出来事の中で，感動したことを伝え合う楽しさを味わう。

(4)　感じたこと，考えたことなどを音や動きなどで表現したり，自由にかいたり，つくったりなどする。

(5)　いろいろな素材に親しみ，工夫して遊ぶ。

(6)　音楽に親しみ，歌を歌ったり，簡単なリズム楽器を使ったりなどする楽しさを味わう。

(7)　かいたり，つくったりすることを楽しみ，遊びに使ったり，飾ったりなどする。

(8)　自分のイメージを動きや言葉などで表現したり，演じて遊んだりするなどの楽しさを味わう。

3　内容の取扱い

　　上記の取扱いに当たっては，次の事項に留意する必要がある。

(1)　豊かな感性は，身近な環境と十分に関わる中で美しいもの，優れたもの，心を動かす出来事などに出会い，そこから得た感動を他の幼児や教師と共有し，様々に表現することなどを通して養われるようにすること。その際，風の音や雨の音，身近にある草や花の形や色

など自然の中にある音，形，色などに気付く
ようにすること。
(2) 幼児の自己表現は素朴な形で行われること
が多いので，教師はそのような表現を受容し，
幼児自身の表現しようとする意欲を受け止め
て，幼児が生活の中で幼児らしい様々な表現
を楽しむことができるようにすること。

(3) 生活経験や発達に応じ，自ら様々な表現を
楽しみ，表現する意欲を十分に発揮させるこ
とができるように，遊具や用具などを整えた
り，様々な素材や表現の仕方に親しんだり，
他の幼児の表現に触れられるよう配慮したり
し，表現する過程を大切にして自己表現を楽
しめるように工夫すること。

第3章　教育課程に係る教育時間の終了後等に行う教育活動などの留意事項

1 地域の実態や保護者の要請により，教育課程
に係る教育時間の終了後等に希望する者を対象
に行う教育活動については，幼児の心身の負担
に配慮するものとする。また，次の点にも留意
するものとする。
(1) 教育課程に基づく活動を考慮し，幼児期に
ふさわしい無理のないものとなるようにする
こと。その際，教育課程に基づく活動を担当
する教師と緊密な連携を図るようにすること。
(2) 家庭や地域での幼児の生活も考慮し，教育
課程に係る教育時間の終了後等に行う教育活
動の計画を作成するようにすること。その際，
地域の人々と連携するなど，地域の様々な資
源を活用しつつ，多様な体験ができるように
すること。
(3) 家庭との緊密な連携を図るようにするこ
と。その際，情報交換の機会を設けたりする
など，保護者が，幼稚園と共に幼児を育てる
という意識が高まるようにすること。

(4) 地域の実態や保護者の事情とともに幼児の
生活のリズムを踏まえつつ，例えば実施日数
や時間などについて，弾力的な運用に配慮す
ること。
(5) 適切な責任体制と指導体制を整備した上で
行うようにすること。
2 幼稚園の運営に当たっては，子育ての支援の
ために保護者や地域の人々に機能や施設を開放
して，園内体制の整備や関係機関との連携及び
協力に配慮しつつ，幼児期の教育に関する相談
に応じたり，情報を提供したり，幼児と保護者
との登園を受け入れたり，保護者同士の交流の
機会を提供したりするなど，幼稚園と家庭が一
体となって幼児と関わる取組を進め，地域にお
ける幼児期の教育のセンターとしての役割を果
たすよう努めるものとする。その際，心理や保
健の専門家，地域の子育て経験者等と連携・協
働しながら取り組むよう配慮するものとする。

小学校学習指導要領　音楽

平成 29 年 3 月告示

文部科学省

第6節　音楽

第1　目標

表現及び鑑賞の活動を通して，音楽的な見方・考え方を働かせ，生活や社会の中の音や音楽と豊かに関わる資質・能力を次のとおり育成することを目指す。

(1)　曲想と音楽の構造などとの関わりについて理解するとともに，表したい音楽表現をするために必要な技能を身に付けるようにする。

(2)　音楽表現を工夫することや，音楽を味わって聴くことができるようにする。

(3)　音楽活動の楽しさを体験することを通して，音楽を愛好する心情と音楽に対する感性を育むとともに，音楽に親しむ態度を養い，豊かな情操を培う。

第2　各学年の目標及び内容

〔第1学年及び第2学年〕

1　目標

(1)　曲想と音楽の構造などとの関わりについて気付くとともに，音楽表現を楽しむために必要な歌唱，器楽，音楽づくりの技能を身に付けるようにする。

(2)　音楽表現を考えて表現に対する思いをもつことや，曲や演奏の楽しさを見いだしながら音楽を味わって聴くことができるようにする。

(3)　楽しく音楽に関わり，協働して音楽活動をする楽しさを感じながら，身の回りの様々な音楽に親しむとともに，音楽経験を生かして生活を明るく潤いのあるものにしようとする態度を養う。

2　内容

A　表現

(1)　歌唱の活動を通して，次の事項を身に付けることができるよう指導する。

ア　歌唱表現についての知識や技能を得たり生かしたりしながら，曲想を感じ取って表現を工夫し，どのように歌うかについて思いをもつこと。

イ　曲想と音楽の構造との関わり，曲想と歌詞の表す情景や気持ちとの関わりについて

気付くこと。

ウ　思いに合った表現をするために必要な次の（ア）から（ウ）までの技能を身に付けること。

（ア）　範唱を聴いて歌ったり，階名で模唱したり暗唱したりする技能

（イ）　自分の歌声及び発音に気を付けて歌う技能

（ウ）　互いの歌声や伴奏を聴いて，声を合わせて歌う技能

(2)　器楽の活動を通して，次の事項を身に付けることができるよう指導する。

ア　器楽表現についての知識や技能を得たり生かしたりしながら，曲想を感じ取って表現を工夫し，どのように演奏するかについて思いをもつこと。

イ　次の（ア）及び（イ）について気付くこと。

（ア）　曲想と音楽の構造との関わり

（イ）　楽器の音色と演奏の仕方との関わり

ウ　思いに合った表現をするために必要な次の（ア）から（ウ）までの技能を身に付けること。

（ア）　範奏を聴いたり，リズム譜などを見たりして演奏する技能

（イ）　音色に気を付けて，旋律楽器及び打楽器を演奏する技能

（ウ）　互いの楽器の音や伴奏を聴いて，音を合わせて演奏する技能

(3)　音楽づくりの活動を通して，次の事項を身に付けることができるよう指導する。

ア　音楽づくりについての知識や技能を得たり生かしたりしながら，次の（ア）及び（イ）をできるようにすること。

（ア）　音遊びを通して，音楽づくりの発想を得ること。

（イ）　どのように音を音楽にしていくかについて思いをもつこと。

イ　次の（ア）及び（イ）について，それらが生み出す面白さなどと関わらせて気付くこと。

（ア）　声や身の回りの様々な音の特徴

（イ）　音やフレーズのつなげ方の特徴

ウ　発想を生かした表現や，思いに合った表現をするために必要な次の（ア）及び（イ）の技能を身に付けること。

（ア）　設定した条件に基づいて，即興的に音を選んだりつなげたりして表現する技能

（イ）　音楽の仕組みを用いて，簡単な音楽をつくる技能

B　鑑　賞

（1）　鑑賞の活動を通して，次の事項を身に付けることができるよう指導する。

ア　鑑賞についての知識を得たり生かしたりしながら，曲や演奏の楽しさを見いだし，曲全体を味わって聴くこと。

イ　曲想と音楽の構造との関わりについて気付くこと。

〔共通事項〕

（1）　「A表現」及び「B鑑賞」の指導を通して，次の事項を身に付けることができるよう指導する。

ア　音楽を形づくっている要素を聴き取り，それらの働きが生み出すよさや面白さ，美しさを感じ取りながら，聴き取ったことと感じ取ったこととの関わりについて考えること。

イ　音楽を形づくっている要素及びそれらに関わる身近な音符，休符，記号や用語について，音楽における働きと関わらせて理解すること。

3　内容の取扱い

（1）　歌唱教材は次に示すものを取り扱う。

ア　主となる歌唱教材については，各学年ともイの共通教材を含めて，斉唱及び輪唱で歌う曲

イ　共通教材

〔第1学年〕

「うみ」（文部省唱歌）

林　柳波作詞　井上武士作曲

「かたつむり」（文部省唱歌）

「日のまる」（文部省唱歌）

高野辰之作詞　岡野貞一作曲

「ひらいたひらいた」（わらべうた）

〔第2学年〕

「かくれんぼ」（文部省唱歌）

林　柳波作詞　下総皖一作曲

「春がきた」（文部省唱歌）

高野辰之作詞　岡野貞一作曲

「虫のこえ」（文部省唱歌）

「夕やけこやけ」

中村雨紅作詞　草川信作曲

（2）　主となる器楽教材については，既習の歌唱教材を含め，主旋律に簡単なリズム伴奏や低声部などを加えた曲を取り扱う。

（3）　鑑賞教材は次に示すものを取り扱う。

ア　我が国及び諸外国のわらべうたや遊びうた，行進曲や踊りの音楽など体を動かすことの快さを感じ取りやすい音楽，日常の生活に関連して情景を思い浮かべやすい音楽など，いろいろな種類の曲

イ　音楽を形づくっている要素の働きを感じ取りやすく，親しみやすい曲

ウ　楽器の音色や人の声の特徴を捉えやすく親しみやすい，いろいろな演奏形態による曲

〔第3学年及び第4学年〕

1　目　標

（1）　曲想と音楽の構造などとの関わりについて気付くとともに，表したい音楽表現をするために必要な歌唱，器楽，音楽づくりの技能を身に付けるようにする。

（2）　音楽表現を考えて表現に対する思いや意図をもつことや，曲や演奏のよさなどを見いだしながら音楽を味わって聴くことができるようにする。

（3）　進んで音楽に関わり，協働して音楽活動をする楽しさを感じながら，様々な音楽に親しむとともに，音楽経験を生かして生活を明るく潤いのあるものにしようとする態度を養う。

2　内　容

A　表　現

（1）　歌唱の活動を通して，次の事項を身に付けることができるよう指導する。

ア　歌唱表現についての知識や技能を得たり

生かしたりしながら，曲の特徴を捉えた表現を工夫し，どのように歌うかについて思いや意図をもつこと。

イ　曲想と音楽の構造や歌詞の内容との関わりについて気付くこと。

ウ　思いや意図に合った表現をするために必要な次の（ア）から（ウ）までの技能を身に付けること。

（ア）　範唱を聴いたり，ハ長調の楽譜を見たりして歌う技能

（イ）　呼吸及び発音の仕方に気を付けて，自然で無理のない歌い方で歌う技能

（ウ）　互いの歌声や副次的な旋律，伴奏を聴いて，声を合わせて歌う技能

(2)　器楽の活動を通して，次の事項を身に付けることができるよう指導する。

ア　器楽表現についての知識や技能を得たり生かしたりしながら，曲の特徴を捉えた表現を工夫し，どのように演奏するかについて思いや意図をもつこと。

イ　次の（ア）及び（イ）について気付くこと。

（ア）　曲想と音楽の構造との関わり

（イ）　楽器の音色や響きと演奏の仕方との関わり

ウ　思いや意図に合った表現をするために必要な次の（ア）から（ウ）までの技能を身に付けること。

（ア）　範奏を聴いたり，ハ長調の楽譜を見たりして演奏する技能

（イ）　音色や響きに気を付けて，旋律楽器及び打楽器を演奏する技能

（ウ）　互いの楽器の音や副次的な旋律，伴奏を聴いて，音を合わせて演奏する技能

(3)　音楽づくりの活動を通して，次の事項を身に付けることができるよう指導する。

ア　音楽づくりについての知識や技能を得たり生かしたりしながら，次の（ア）及び（イ）をできるようにすること。

（ア）　即興的に表現することを通して，音楽づくりの発想を得ること。

（イ）　音を音楽へと構成することを通して，どのようにまとまりを意識した音楽をつくるかについて思いや意図をも

つこと。

イ　次の（ア）及び（イ）について，それらが生み出すよさや面白さなどと関わらせて気付くこと。

（ア）　いろいろな音の響きやそれらの組合せの特徴

（イ）　音やフレーズのつなげ方や重ね方の特徴

ウ　発想を生かした表現や，思いや意図に合った表現をするために必要な次の（ア）及び（イ）の技能を身に付けること。

（ア）　設定した条件に基づいて，即興的に音を選択したり組み合わせたりして表現する技能

（イ）　音楽の仕組みを用いて，音楽をつくる技能

B　鑑　賞

(1)　鑑賞の活動を通して，次の事項を身に付けることができるよう指導する。

ア　鑑賞についての知識を得たり生かしたりしながら，曲や演奏のよさなどを見いだし，曲全体を味わって聴くこと。

イ　曲想及びその変化と，音楽の構造との関わりについて気付くこと。

〔共通事項〕

(1)　「A表現」及び「B鑑賞」の指導を通して，次の事項を身に付けることができるよう指導する。

ア　音楽を形づくっている要素を聴き取り，それらの働きが生み出すよさや面白さ，美しさを感じ取りながら，聴き取ったことと感じ取ったこととの関わりについて考えること。

イ　音楽を形づくっている要素及びそれらに関わる音符，休符，記号や用語について，音楽における働きと関わらせて理解すること。

3　内容の取扱い

(1)　歌唱教材は次に示すものを取り扱う。

ア　主となる歌唱教材については，各学年ともイの共通教材を含めて，斉唱及び簡単な合唱で歌う曲

イ　共通教材

〔第３学年〕

「うさぎ」（日本古謡）

「茶つみ」（文部省唱歌）

「春の小川」（文部省唱歌）
高野辰之作詞 岡野貞一作曲

「ふじ山」（文部省唱歌）
巌谷小波作詞

〔第４学年〕

「さくらさくら」（日本古謡）

「とんび」
葛原しげる作詞 梁田貞作曲

「まきばの朝」（文部省唱歌）
船橋栄吉作曲

「もみじ」（文部省唱歌）
高野辰之作詞 岡野貞一作曲

(2) 主となる器楽教材については，既習の歌唱教材を含め，簡単な重奏や合奏などの曲を取り扱う。

(3) 鑑賞教材は次に示すものを取り扱う。

ア 和楽器の音楽を含めた我が国の音楽，郷土の音楽，諸外国に伝わる民謡など生活との関わりを捉えやすい音楽，劇の音楽，人々に長く親しまれている音楽など，いろいろな種類の曲

イ 音楽を形づくっている要素の働きを感じ取りやすく，聴く楽しさを得やすい曲

ウ 楽器や人の声による演奏表現の違いを聴き取りやすい，独奏，重奏，独唱，重唱を含めたいろいろな演奏形態による曲

〔第５学年及び第６学年〕

1 目 標

(1) 曲想と音楽の構造などとの関わりについて理解するとともに，表したい音楽表現をするために必要な歌唱，器楽，音楽づくりの技能を身に付けるようにする。

(2) 音楽表現を考えて表現に対する思いや意図をもつことや，曲や演奏のよさなどを見いだしながら音楽を味わって聴くことができるようにする。

(3) 主体的に音楽に関わり，協働して音楽活動をする楽しさを味わいながら，様々な音楽に親しむとともに，音楽経験を生かして生活を明る く潤いのあるものにしようとする態度を養う。

2 内 容

A 表 現

(1) 歌唱の活動を通して，次の事項を身に付けることができるよう指導する。

ア 歌唱表現についての知識や技能を得たり生かしたりしながら，曲の特徴にふさわしい表現を工夫し，どのように歌うかについて思いや意図をもつこと。

イ 曲想と音楽の構造や歌詞の内容との関わりについて理解すること。

ウ 思いや意図に合った表現をするために必要な次の（ア）から（ウ）までの技能を身に付けること。

（ア）範唱を聴いたり，ハ長調及びイ短調の楽譜を見たりして歌う技能

（イ）呼吸及び発音の仕方に気を付けて，自然で無理のない，響きのある歌い方で歌う技能

（ウ）各声部の歌声や全体の響き，伴奏を聴いて，声を合わせて歌う技能

(2) 器楽の活動を通して，次の事項を身に付けることができるよう指導する。

ア 器楽表現についての知識や技能を得たり生かしたりしながら，曲の特徴にふさわしい表現を工夫し，どのように演奏するかについて思いや意図をもつこと。

イ 次の（ア）及び（イ）について理解すること。

（ア）曲想と音楽の構造との関わり

（イ）多様な楽器の音色や響きと演奏の仕方との関わり

ウ 思いや意図に合った表現をするために必要な次の（ア）から（ウ）までの技能を身に付けること。

（ア）範奏を聴いたり，ハ長調及びイ短調の楽譜を見たりして演奏する技能

（イ）音色や響きに気を付けて，旋律楽器及び打楽器を演奏する技能

（ウ）各声部の楽器の音や全体の響き，伴奏を聴いて，音を合わせて演奏する技能

(3) 音楽づくりの活動を通して，次の事項を身に付けることができるよう指導する。

ア　音楽づくりについての知識や技能を得たり生かしたりしながら，次の（ア）及び（イ）をできるようにすること。

　（ア）　即興的に表現することを通して，音楽づくりの様々な発想を得ること。

　（イ）　音を音楽へと構成することを通して，どのように全体のまとまりを意識した音楽をつくるかについて思いや意図をもつこと。

イ　次の（ア）及び（イ）について，それらが生み出すよさや面白さなどと関わらせて理解すること。

　（ア）　いろいろな音の響きやそれらの組合せの特徴

　（イ）　音やフレーズのつなげ方や重ね方の特徴

ウ　発想を生かした表現や，思いや意図に合った表現をするために必要な次の（ア）及び（イ）の技能を身に付けること。

　（ア）　設定した条件に基づいて，即興的に音を選択したり組み合わせたりして表現する技能

　（イ）　音楽の仕組みを用いて，音楽をつくる技能

B　鑑賞

(1)　鑑賞の活動を通して，次の事項を身に付けることができるよう指導する。

ア　鑑賞についての知識を得たり生かしたりしながら，曲や演奏のよさなどを見いだし，曲全体を味わって聴くこと。

イ　曲想及びその変化と，音楽の構造との関わりについて理解すること。

〔共通事項〕

(1)　「A表現」及び「B鑑賞」の指導を通して，次の事項を身に付けることができるよう指導する。

ア　音楽を形づくっている要素を聴き取り，それらの働きが生み出すよさや面白さ，美しさを感じ取りながら，聴き取ったことと感じ取ったこととの関わりについて考えること。

イ　音楽を形づくっている要素及びそれらに関わる音符，休符，記号や用語について，

音楽における働きと関わらせて理解すること。

3　内容の取扱い

(1)　歌唱教材は次に示すものを取り扱う。

ア　主となる歌唱教材については，各学年ともイの共通教材の中の3曲を含めて，斉唱及び合唱で歌う曲

イ　共通教材

〔第5学年〕

「こいのぼり」（文部省唱歌）

「子もり歌」（日本古謡）

「スキーの歌」（文部省唱歌）
　　　林　柳波作詞　橋本国彦作曲

「冬げしき」（文部省唱歌）

〔第6学年〕

「越天楽今様（歌詞は第2節まで）」　（日本古謡）慈鎮和尚作歌

「おぼろ月夜」（文部省唱歌）
　　高野辰之作詞　岡野貞一作曲

「ふるさと」（文部省唱歌）
　　高野辰之作詞　岡野貞一作曲

「われは海の子（歌詞は第3節まで）」（文部省唱歌）

(2)　主となる器楽教材については，楽器の演奏効果を考慮し，簡単な重奏や合奏などの曲を取り扱う。

(3)　鑑賞教材は次に示すものを取り扱う。

ア　和楽器の音楽を含めた我が国の音楽や諸外国の音楽など文化との関わりを捉えやすい音楽，人々に長く親しまれている音楽など，いろいろな種類の曲

イ　音楽を形づくっている要素の働きを感じ取りやすく，聴く喜びを深めやすい曲

ウ　楽器の音や人の声が重なり合う響きを味わうことができる，合奏，合唱を含めたいろいろな演奏形態による曲

第3　指導計画の作成と内容の取扱い

1　指導計画の作成に当たっては，次の事項に配慮するものとする。

(1)　題材など内容や時間のまとまりを見通して，その中で育む資質・能力の育成に向けて，児童の主体的・対話的で深い学びの実現を図

るようにすること。その際，音楽的な見方・考え方を働かせ，他者と協働しながら，音楽表現を生み出したり音楽を聴いてそのよさなどを見いだしたりするなど，思考，判断し，表現する一連の過程を大切にした学習の充実を図ること。

(2) 第2の各学年の内容の「A表現」の (1)，(2) 及び (3) の指導については，ア，イ及びウの各事項を，「B鑑賞」の (1) の指導については，ア及びイの各事項を適切に関連させて指導すること。

(3) 第2の各学年の内容の〔共通事項〕は，表現及び鑑賞の学習において共通に必要となる資質・能力であり，「A表現」及び「B鑑賞」の指導と併せて，十分な指導が行われるよう工夫すること。

(4) 第2の各学年の内容の「A表現」の (1)，(2) 及び (3) 並びに「B鑑賞」の (1) の指導については，適宜，〔共通事項〕を要として各領域や分野の関連を図るようにすること。

(5) 国歌「君が代」は，いずれの学年においても歌えるよう指導すること。

(6) 低学年においては，第1章総則の第2の4の (1) を踏まえ，他教科等との関連を積極的に図り，指導の効果を高めるようにするとともに，幼稚園教育要領等に示す幼児期の終わりまでに育ってほしい姿との関連を考慮すること。特に，小学校入学当初においては，生活科を中心とした合科的・関連的な指導や，弾力的な時間割の設定を行うなどの工夫をすること。

(7) 障害のある児童などについては，学習活動を行う場合に生じる困難さに応じた指導内容や指導方法の工夫を計画的，組織的に行うこと。

(8) 第1章総則の第1の2の (2) に示す道徳教育の目標に基づき，道徳科などとの関連を考慮しながら，第3章特別の教科道徳の第2に示す内容について，音楽科の特質に応じて適切な指導をすること。

2 第2の内容の取扱いについては，次の事項に配慮するものとする。

(1) 各学年の「A表現」及び「B鑑賞」の指導に当たっては，次のとおり取り扱うこと。

ア 音楽によって喚起されたイメージや感情，音楽表現に対する思いや意図，音楽を聴いて感じ取ったことや想像したことなどを伝え合い共感するなど，音や音楽及び言葉によるコミュニケーションを図り，音楽科の特質に応じた言語活動を適切に位置付けられるよう指導を工夫すること。

イ 音楽との一体感を味わい，想像力を働かせて音楽と関わることができるよう，指導のねらいに即して体を動かす活動を取り入れること。

ウ 児童が様々な感覚を働かせて音楽への理解を深めたり，主体的に学習に取り組んだりすることができるようにするため，コンピュータや教育機器を効果的に活用できるよう指導を工夫すること。

エ 児童が学校内及び公共施設などの学校外における音楽活動とのつながりを意識できるようにするなど，児童や学校，地域の実態に応じ，生活や社会の中の音や音楽と主体的に関わっていくことができるよう配慮すること。

オ 表現したり鑑賞したりする多くの曲について，それらを創作した著作者がいることに気付き，学習した曲や自分たちのつくった曲を大切にする態度を養うようにするとともに，それらの著作者の創造性を尊重する意識をもてるようにすること。また，このことが，音楽文化の継承，発展，創造を支えていることについて理解する素地となるよう配慮すること。

(2) 和音の指導に当たっては，合唱や合奏などの活動を通して和音のもつ表情を感じ取ることができるようにすること。また，長調及び短調の曲においては，Ⅰ，Ⅳ，Ⅴ及びⅤ7などの和音を中心に指導すること。

(3) 我が国や郷土の音楽の指導に当たっては，そのよさなどを感じ取って表現したり鑑賞したりできるよう，音源や楽譜等の示し方，伴奏の仕方，曲に合った歌い方や楽器の演奏の仕方などの指導方法を工夫すること。

(4) 各学年の「A表現」の (1) の歌唱の指導に当たっては，次のとおり取り扱うこと。

ア 歌唱教材については，我が国や郷土の音

楽に愛着がもてるよう，共通教材のほか，長い間親しまれてきた唱歌，それぞれの地方に伝承されているわらべうたや民謡など日本のうたを含めて取り上げるようにすること。

イ　相対的な音程感覚を育てるために，適宜，移動ド唱法を用いること。

ウ　変声以前から自分の声の特徴に関心をもたせるとともに，変声期の児童に対して適切に配慮すること。

(5)　各学年の「A表現」の(2)の楽器については，次のとおり取り扱うこと。

ア　各学年で取り上げる打楽器は，木琴，鉄琴，和楽器，諸外国に伝わる様々な楽器を含めて，演奏の効果，児童や学校の実態を考慮して選択すること。

イ　第1学年及び第2学年で取り上げる旋律楽器は，オルガン，鍵盤ハーモニカなどの中から児童や学校の実態を考慮して選択すること。

ウ　第3学年及び第4学年で取り上げる旋律楽器は，既習の楽器を含めて，リコーダーや鍵盤楽器，和楽器などの中から児童や学校の実態を考慮して選択すること。

エ　第5学年及び第6学年で取り上げる旋律楽器は，既習の楽器を含めて，電子楽器，和楽器，諸外国に伝わる楽器などの中から児童や学校の実態を考慮して選択すること。

オ　合奏で扱う楽器については，各声部の役割を生かした演奏ができるよう，楽器の特性を生かして選択すること。

(6)　各学年の「A表現」の(3)の音楽づくりの指導に当たっては，次のとおり取り扱うこと。

ア　音遊びや即興的な表現では，身近なものから多様な音を探したり，リズムや旋律を模倣したりして，音楽づくりのための発想を得ることができるよう指導すること。その際，適切な条件を設定するなど，児童が無理なく音を選択したり組み合わせたりすることができるよう指導を工夫すること。

イ　どのような音楽を，どのようにしてつくるかなどについて，児童の実態に応じて具体的な例を示しながら指導するなど，見通しをもって音楽づくりの活動ができるよう

指導を工夫すること。

ウ　つくった音楽については，指導のねらいに即し，必要に応じて作品を記録させること。作品を記録する方法については，図や絵によるもの，五線譜など柔軟に指導すること。

エ　拍のないリズム，我が国の音楽に使われている音階や調性にとらわれない音階などを児童の実態に応じて取り上げるようにすること。

(7)　各学年の「B鑑賞」の指導に当たっては，言葉などで表す活動を取り入れ，曲想と音楽の構造との関わりについて気付いたり理解したり，曲や演奏の楽しさやよさなどを見いだしたりすることができるよう指導を工夫すること。

(8)　各学年の〔共通事項〕に示す「音楽を形づくっている要素」については，児童の発達の段階や指導のねらいに応じて，次のア及びイから適切に選択したり関連付けたりして指導すること。

ア　音楽を特徴付けている要素

音色，リズム，速度，旋律，強弱，音の重なり，和音の響き，音階，調，拍，フレーズなど

イ　音楽の仕組み

反復，呼びかけとこたえ，変化，音楽の縦と横との関係など

(9)　各学年の〔共通事項〕の(1)のイに示す「音符，休符，記号や用語」については，児童の学習状況を考慮して，次に示すものを音楽における働きと関わらせて理解し，活用できるよう取り扱うこと。

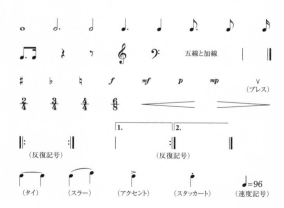

第1章　総則

　この指針は、児童福祉施設の設備及び運営に関する基準（昭和23年厚生省令第63号。以下「設備運営基準」という。）第35条の規定に基づき、保育所における保育の内容に関する事項及びこれに関連する運営に関する事項を定めるものである。各保育所は、この指針において規定される保育の内容に係る基本原則に関する事項等を踏まえ、各保育所の実情に応じて創意工夫を図り、保育所の機能及び質の向上に努めなければならない。

1　保育所保育に関する基本原則

（1）　保育所の役割

　ア　保育所は、児童福祉法（昭和22年法律第164号）第39条の規定に基づき、保育を必要とする子どもの保育を行い、その健全な心身の発達を図ることを目的とする児童福祉施設であり、入所する子どもの最善の利益を考慮し、その福祉を積極的に増進することに最もふさわしい生活の場でなければならない。

　イ　保育所は、その目的を達成するために、保育に関する専門性を有する職員が、家庭との緊密な連携の下に、子どもの状況や発達過程を踏まえ、保育所における環境を通して、養護及び教育を一体的に行うことを特性としている。

　ウ　保育所は、入所する子どもを保育するとともに、家庭や地域の様々な社会資源との連携を図りながら、入所する子どもの保護者に対する支援及び地域の子育て家庭に対する支援等を行う役割を担うものである。

　エ　保育所における保育士は、児童福祉法第18条の4の規定を踏まえ、保育所の役割及び機能が適切に発揮されるように、倫理観に裏付けられた専門的知識、技術及び判断をもって、子どもを保育するとともに、子どもの保護者に対する保育に関する指導を行うものであり、その職責を遂行するための専門性の向上に絶えず努めなければならない。

（2）　保育の目標

　ア　保育所は、子どもが生涯にわたる人間形成にとって極めて重要な時期に、その生活時間の大半を過ごす場である。このため、保育所の保育は、子どもが現在を最も良く生き、望ましい未来をつくり出す力の基礎を培うために、次の目標を目指して行わなければならない。

　（ア）　十分に養護の行き届いた環境の下に、くつろいだ雰囲気の中で子どもの様々な欲求を満たし、生命の保持及び情緒の安定を図ること。

　（イ）　健康、安全など生活に必要な基本的な習慣や態度を養い、心身の健康の基礎を培うこと。

　（ウ）　人との関わりの中で、人に対する愛情と信頼感、そして人権を大切にする心を育てるとともに、自主、自立及び協調の態度を養い、道徳性の芽生えを培うこと。

　（エ）　生命、自然及び社会の事象についての興味や関心を育て、それらに対する豊かな心情や思考力の芽生えを培うこと。

　（オ）　生活の中で、言葉への興味や関心を育て、話したり、聞いたり、相手の話を理解しようとするなど、言葉の豊かさを養うこと。

　（カ）　様々な体験を通して、豊かな感性や表現力を育み、創造性の芽生えを培うこと。

　イ　保育所は、入所する子どもの保護者に対し、その意向を受け止め、子どもと保護者の安定した関係に配慮し、保育所の特性や保育士等の専門性を生かして、その援助に当たらなければならない。

（3）　保育の方法

　保育の目標を達成するために、保育士等は、次の事項に留意して保育しなければならない。

　ア　一人一人の子どもの状況や家庭及び地域社会での生活の実態を把握するとともに、子どもが安心感と信頼感をもって活動できるよう、子どもの主体としての思いや願いを受け止めること。

　イ　子どもの生活のリズムを大切にし、健康、安全で情緒の安定した生活ができる環境や、自己を十分に発揮できる環境を整えること。

ウ　子どもの発達について理解し、一人一人の
　発達過程に応じて保育すること。その際、子
　どもの個人差に十分配慮すること。

エ　子ども相互の関係づくりや互いに尊重する
　心を大切にし、集団における活動を効果ある
　ものにするよう援助すること。

オ　子どもが自発的・意欲的に関われるような
　環境を構成し、子どもの主体的な活動や子ど
　も相互の関わりを大切にすること。特に、乳
　幼児期にふさわしい体験が得られるように、
　生活や遊びを通して総合的に保育すること。

カ　一人一人の保護者の状況やその意向を理解、
　受容し、それぞれの親子関係や家庭生活等に
　配慮しながら、様々な機会をとらえ、適切に
　援助すること。

(4)　保育の環境

　保育の環境には、保育士等や子どもなどの人的
環境、施設や遊具などの物的環境、更には自然
や社会の事象などがある。保育所は、こうした
人、物、場などの環境が相互に関連し合い、子
どもの生活が豊かなものとなるよう、次の事項
に留意しつつ、計画的に環境を構成し、工夫し
て保育しなければならない。

ア　子ども自らが環境に関わり、自発的に活動
　し、様々な経験を積んでいくことができるよ
　う配慮すること。

イ　子どもの活動が豊かに展開されるよう、保
　育所の設備や環境を整え、保育所の保健的環
　境や安全の確保などに努めること。

ウ　保育室は、温かな親しみとくつろぎの場と
　なるとともに、生き生きと活動できる場とな
　るように配慮すること。

エ　子どもが人と関わる力を育てていくため、
　子ども自らが周囲の子どもや大人と関わって
　いくことができる環境を整えること。

(5)　保育所の社会的責任

ア　保育所は、子どもの人権に十分配慮すると
　ともに、子ども一人一人の人格を尊重して保
　育を行わなければならない。

イ　保育所は、地域社会との交流や連携を図り、
　保護者や地域社会に、当該保育所が行う保育
　の内容を適切に説明するよう努めなければな
　らない。

ウ　保育所は、入所する子ども等の個人情報を
　適切に取り扱うとともに、保護者の苦情など
　に対し、その解決を図るよう努めなければな
　らない。

2　養護に関する基本的事項

(1)　養護の理念

　保育における養護とは、子どもの生命の保持及
び情緒の安定を図るために保育士等が行う援助
や関わりであり、保育所における保育は、養護
及び教育を一体的に行うことをその特性とする
ものである。保育所における保育全体を通じて、
養護に関するねらい及び内容を踏まえた保育が
展開されなければならない。

(2)　養護に関わるねらい及び内容

ア　生命の保持

（ア）ねらい

①　一人一人の子どもが、快適に生活で
　きるようにする。

②　一人一人の子どもが、健康で安全に
　過ごせるようにする。

③　一人一人の子どもの生理的欲求が、
　十分に満たされるようにする。

④　一人一人の子どもの健康増進が、積
　極的に図られるようにする。

（イ）内容

①　一人一人の子どもの平常の健康状態
　や発育及び発達状態を的確に把握し、
　異常を感じる場合は、速やかに適切に
　対応する。

②　家庭との連携を密にし、嘱託医等と
　の連携を図りながら、子どもの疾病や
　事故防止に関する認識を深め、保健的
　で安全な保育環境の維持及び向上に努
　める。

③　清潔で安全な環境を整え、適切な援
　助や応答的な関わりを通して子どもの
　生理的欲求を満たしていく。また、家
　庭と協力しながら、子どもの発達過程
　等に応じた適切な生活のリズムがつく
　られていくようにする。

④　子どもの発達過程等に応じて、適度
　な運動と休息を取ることができるよう

にする。また、食事、排泄、衣類の着
脱、身の回りを清潔にすることなどに
ついて、子どもが意欲的に生活できる
よう適切に援助する。
イ　情緒の安定
（ア）　ねらい
①　一人一人の子どもが、安定感をもっ
て過ごせるようにする。
②　一人一人の子どもが、自分の気持ちを
安心して表すことができるようにする。
③　一人一人の子どもが、周囲から主体
として受け止められ、主体として育ち、
自分を肯定する気持ちが育まれていく
ようにする。
④　一人一人の子どもがくつろいで共に過
ごし、心身の疲れが癒されるようにする。
（イ）　内容
①　一人一人の子どもの置かれている状
態や発達過程などを的確に把握し、子
どもの欲求を適切に満たしながら、応
答的な触れ合いや言葉がけを行う。
②　一人一人の子どもの気持ちを受容し、
共感しながら、子どもとの継続的な信
頼関係を築いていく。
③　保育士等との信頼関係を基盤に、一
人一人の子どもが主体的に活動し、自発
性や探索欲求などを高めるとともに、自
分への自信をもつことができるよう成長
の過程を見守り、適切に働きかける。
④　一人一人の子どもの生活のリズム、
発達過程、保育時間などに応じて、活
動内容のバランスや調和を図りながら、
適切な食事や休息が取れるようにする。

3　保育の計画及び評価
（1）　全体的な計画の作成
ア　保育所は、1の（2）に示した保育の目標を
達成するために、各保育所の保育の方針や目
標に基づき、子どもの発達過程を踏まえて、
保育の内容が組織的・計画的に構成され、保
育所の生活の全体を通して、総合的に展開さ
れるよう、全体的な計画を作成しなければな
らない。

イ　全体的な計画は、子どもや家庭の状況、地
域の実態、保育時間などを考慮し、子どもの
育ちに関する長期的見通しをもって適切に作
成されなければならない。
ウ　全体的な計画は、保育所保育の全体像を包
括的に示すものとし、これに基づく指導計画、
保健計画、食育計画等を通じて、各保育所が
創意工夫して保育できるよう、作成されなけ
ればならない。
（2）　指導計画の作成
ア　保育所は、全体的な計画に基づき、具体的
な保育が適切に展開されるよう、子どもの生
活や発達を見通した長期的な指導計画と、そ
れに関連しながら、より具体的な子どもの
日々の生活に即した短期的な指導計画を作成
しなければならない。
イ　指導計画の作成に当たっては、第2章及び
その他の関連する章に示された事項のほか、
子ども一人一人の発達過程や状況を十分に踏
まえるとともに、次の事項に留意しなければ
ならない。
（ア）　3歳未満児については、一人一人の子
どもの生育歴、心身の発達、活動の実態等
に即して、個別的な計画を作成すること。
（イ）　3歳以上児については、個の成長と、
子ども相互の関係や協同的な活動が促され
るよう配慮すること。
（ウ）　異年齢で構成される組やグループでの
保育においては、一人一人の子どもの生活
や経験、発達過程などを把握し、適切な援
助や環境構成ができるよう配慮すること。
ウ　指導計画においては、保育所の生活におけ
る子どもの発達過程を見通し、生活の連続性、
季節の変化などを考慮し、子どもの実態に即
した具体的なねらい及び内容を設定すること。
また、具体的なねらいが達成されるよう、子
どもの生活する姿や発想を大切にして適切な
環境を構成し、子どもが主体的に活動できる
ようにすること。
エ　一日の生活のリズムや在園時間が異なる子
どもが共に過ごすことを踏まえ、活動と休息、
緊張感と解放感等の調和を図るよう配慮する
こと。

オ　午睡は生活のリズムを構成する重要な要素であり、安心して眠ることのできる安全な睡眠環境を確保するとともに、在園時間が異なることや、睡眠時間は子どもの発達の状況や個人によって差があることから、一律とならないよう配慮すること。

カ　長時間にわたる保育については、子どもの発達過程、生活のリズム及び心身の状態に十分配慮して、保育の内容や方法、職員の協力体制、家庭との連携などを指導計画に位置付けること。

キ　障害のある子どもの保育については、一人一人の子どもの発達過程や障害の状態を把握し、適切な環境の下で、障害のある子どもが他の子どもとの生活を通して共に成長できるよう、指導計画の中に位置付けること。また、子どもの状況に応じた保育を実施する観点から、家庭や関係機関と連携した支援のための計画を個別に作成するなど適切な対応を図ること。

(3)　指導計画の展開

指導計画に基づく保育の実施に当たっては、次の事項に留意しなければならない。

ア　施設長、保育士など、全職員による適切な役割分担と協力体制を整えること。

イ　子どもが行う具体的な活動は、生活の中で様々に変化することに留意して、子どもが望ましい方向に向かって自ら活動を展開できるよう必要な援助を行うこと。

ウ　子どもの主体的な活動を促すためには、保育士等が多様な関わりをもつことが重要であることを踏まえ、子どもの情緒の安定や発達に必要な豊かな体験が得られるよう援助すること。

エ　保育士等は、子どもの実態や子どもを取り巻く状況の変化などに即して保育の過程を記録するとともに、これらを踏まえ、指導計画に基づく保育の内容の見直しを行い、改善を図ること。

(4)　保育内容等の評価

ア　保育士等の自己評価

（ア）　保育士等は、保育の計画や保育の記録を通して、自らの保育実践を振り返り、自己評価することを通して、その専門性の向上や保育実践の改善に努めなければならない。

（イ）　保育士等による自己評価に当たっては、子どもの活動内容やその結果だけでなく、子どもの心の育ちや意欲、取り組む過程などにも十分配慮するよう留意すること。

（ウ）　保育士等は、自己評価における自らの保育実践の振り返りや職員相互の話し合い等を通じて、専門性の向上及び保育の質の向上のための課題を明確にするとともに、保育所全体の保育の内容に関する認識を深めること。

イ　保育所の自己評価

（ア）　保育所は、保育の質の向上を図るため、保育の計画の展開や保育士等の自己評価を踏まえ、当該保育所の保育の内容等について、自ら評価を行い、その結果を公表するよう努めなければならない。

（イ）　保育所が自己評価を行うに当たっては、地域の実情や保育所の実態に即して、適切に評価の観点や項目等を設定し、全職員による共通理解をもって取り組むよう留意すること。

（ウ）　設備運営基準第36条の趣旨を踏まえ、保育の内容等の評価に関し、保護者及び地域住民等の意見を聴くことが望ましいこと。

(5)　評価を踏まえた計画の改善

ア　保育所は、評価の結果を踏まえ、当該保育所の保育の内容等の改善を図ること。

イ　保育の計画に基づく保育、保育の内容の評価及びこれに基づく改善という一連の取組により、保育の質の向上が図られるよう、全職員が共通理解をもって取り組むことに留意すること。

4　幼児教育を行う施設として共有すべき事項

(1)　育みたい資質・能力

ア　保育所においては、生涯にわたる生きる力の基礎を培うため、1の(2)に示す保育の目標を踏まえ、次に掲げる資質・能力を一体的に育むよう努めるものとする。

（ア）　豊かな体験を通じて、感じたり、気付いたり、分かったり、できるようになった

りする「知識及び技能の基礎」
　（イ）　気付いたことや、できるようになった
　　　　ことなどを使い、考えたり、試したり、工
　　　　夫したり、表現したりする「思考力、判断
　　　　力、表現力等の基礎」
　（ウ）　心情、意欲、態度が育つ中で、よりよ
　　　　い生活を営もうとする「学びに向かう力、
　　　　人間性等」
　イ　アに示す資質・能力は、第2章に示すねら
　　い及び内容に基づく保育活動全体によって育
　　むものである。
（2）　幼児期の終わりまでに育ってほしい姿
　　次に示す「幼児期の終わりまでに育ってほし
　い姿」は、第2章に示すねらい及び内容に基づく
　保育活動全体を通して資質・能力が育まれてい
　る子どもの小学校就学時の具体的な姿であり、
　保育士等が指導を行う際に考慮するものである。
　ア　健康な心と体
　　保育所の生活の中で、充実感をもって自分の
　　やりたいことに向かって心と体を十分に働か
　　せ、見通しをもって行動し、自ら健康で安全
　　な生活をつくり出すようになる。
　イ　自立心
　　身近な環境に主体的に関わり様々な活動を楽
　　しむ中で、しなければならないことを自覚し、
　　自分の力で行うために考えたり、工夫したり
　　しながら、諦めずにやり遂げることで達成感
　　を味わい、自信をもって行動するようになる。
　ウ　協同性
　　友達と関わる中で、互いの思いや考えなどを
　　共有し、共通の目的の実現に向けて、考え
　　たり、工夫したり、協力したりし、充実感を
　　もってやり遂げるようになる。
　エ　道徳性・規範意識の芽生え
　　友達と様々な体験を重ねる中で、してよいこ
　　とや悪いことが分かり、自分の行動を振り
　　返ったり、友達の気持ちに共感したりし、相
　　手の立場に立って行動するようになる。また、
　　きまりを守る必要性が分かり、自分の気持ち
　　を調整し、友達と折り合いを付けながら、き
　　まりをつくったり、守ったりするようになる。
　オ　社会生活との関わり
　　家族を大切にしようとする気持ちをもつと

もに、地域の身近な人と触れ合う中で、人と
の様々な関わり方に気付き、相手の気持ちを
考えて関わり、自分が役に立つ喜びを感じ、
地域に親しみをもつようになる。また、保育
所内外の様々な環境に関わる中で、遊びや生
活に必要な情報を取り入れ、情報に基づき判
断したり、情報を伝え合ったり、活用したり
するなど、情報を役立てながら活動するよう
になるとともに、公共の施設を大切に利用す
るなどして、社会とのつながりなどを意識す
るようになる。
　カ　思考力の芽生え
　　身近な事象に積極的に関わる中で、物の性質
　　や仕組みなどを感じ取ったり、気付いたりし、
　　考えたり、予想したり、工夫したりするなど、
　　多様な関わりを楽しむようになる。また、友
　　達の様々な考えに触れる中で、自分と異なる
　　考えがあることに気付き、自ら判断したり、
　　考え直したりするなど、新しい考えを生み出
　　す喜びを味わいながら、自分の考えをよりよ
　　いものにするようになる。
　キ　自然との関わり・生命尊重
　　自然に触れて感動する体験を通して、自然の
　　変化などを感じ取り、好奇心や探究心をもっ
　　て考え言葉などで表現しながら、身近な事象
　　への関心が高まるとともに、自然への愛情や
　　畏敬の念をもつようになる。また、身近な動
　　植物に心を動かされる中で、生命の不思議さ
　　や尊さに気付き、身近な動植物への接し方を
　　考え、命あるものとしていたわり、大切にす
　　る気持ちをもって関わるようになる。
　ク　数量や図形、標識や文字などへの関心・感覚
　　遊びや生活の中で、数量や図形、標識や文字
　　などに親しむ体験を重ねたり、標識や文字の
　　役割に気付いたりし、自らの必要感に基づき
　　これらを活用し、興味や関心、感覚をもつよ
　　うになる。
　ケ　言葉による伝え合い
　　保育士等や友達と心を通わせる中で、絵本や
　　物語などに親しみながら、豊かな言葉や表現
　　を身に付け、経験したことや考えたことなどを
　　言葉で伝えたり、相手の話を注意して聞いたり
　　し、言葉による伝え合いを楽しむようになる。

コ　豊かな感性と表現
　　心を動かす出来事などに触れ感性を働かせる
　中で、様々な素材の特徴や表現の仕方などに
　気付き、感じたことや考えたことを自分で表

現したり、友達同士で表現する過程を楽しん
だりし、表現する喜びを味わい、意欲をもつ
ようになる。

第2章　保育の内容

　この章に示す「ねらい」は、第1章の1の（2）に
示された保育の目標をより具体化したものであり、
子どもが保育所において、安定した生活を送り、充
実した活動ができるように、保育を通じて育みたい
資質・能力を、子どもの生活する姿から捉えたもの
である。また、「内容」は、「ねらい」を達成するた
めに、子どもの生活やその状況に応じて保育士等が
適切に行う事項と、保育士等が援助して子どもが環
境に関わって経験する事項を示したものである。
　保育における「養護」とは、子どもの生命の保持
及び情緒の安定を図るために保育士等が行う援助や
関わりであり、「教育」とは、子どもが健やかに成
長し、その活動がより豊かに展開されるための発達
の援助である。本章では、保育士等が、「ねらい」
及び「内容」を具体的に把握するため、主に教育に
関わる側面からの視点を示しているが、実際の保育
においては、養護と教育が一体となって展開される
ことに留意する必要がある。

1　乳児保育に関わるねらい及び内容
（1）　基本的事項
　ア　乳児期の発達については、視覚、聴覚など
　　の感覚や、座る、はう、歩くなどの運動機能
　　が著しく発達し、特定の大人との応答的な関
　　わりを通じて、情緒的な絆が形成されると
　　いった特徴がある。これらの発達の特徴を踏
　　まえて、乳児保育は、愛情豊かに、応答的に
　　行われることが特に必要である。
　イ　本項においては、この時期の発達の特徴を
　　踏まえ、乳児保育の「ねらい」及び「内容」
　　については、身体的発達に関する視点「健や
　　かに伸び伸びと育つ」、社会的発達に関する視
　　点「身近な人と気持ちが通じ合う」及び精神
　　的発達に関する視点「身近なものと関わり感
　　性が育つ」としてまとめ、示している。

　ウ　本項の各視点において示す保育の内容は、
　　第1章の2に示された養護における「生命
　　の保持」及び「情緒の安定」に関わる保育の
　　内容と、一体となって展開されるものである
　　ことに留意が必要である。
（2）　ねらい及び内容
　ア　健やかに伸び伸びと育つ
　　健康な心と体を育て、自ら健康で安全な生活
　をつくり出す力の基盤を培う。
　　（ア）　ねらい
　　　①　身体感覚が育ち、快適な環境に心地
　　　　よさを感じる。
　　　②　伸び伸びと体を動かし、はう、歩く
　　　　などの運動をしようとする。
　　　③　食事、睡眠等の生活のリズムの感覚
　　　　が芽生える。
　　（イ）　内容
　　　①　保育士等の愛情豊かな受容の下で、
　　　　生理的・心理的欲求を満たし、心地よ
　　　　く生活をする。
　　　②　一人一人の発育に応じて、はう、立
　　　　つ、歩くなど、十分に体を動かす。
　　　③　個人差に応じて授乳を行い、離乳を
　　　　進めていく中で、様々な食品に少しず
　　　　つ慣れ、食べることを楽しむ。
　　　④　一人一人の生活のリズムに応じて、
　　　　安全な環境の下で十分に午睡をする。
　　　⑤　おむつ交換や衣服の着脱などを通じ
　　　　て、清潔になることの心地よさを感じる。
　　（ウ）　内容の取扱い
　　　上記の取扱いに当たっては、次の事項に留
　　　意する必要がある。
　　　①　心と体の健康は、相互に密接な関連
　　　　があるものであることを踏まえ、温か
　　　　い触れ合いの中で、心と体の発達を促

すこと。特に、寝返り、お座り、はいはい、つかまり立ち、伝い歩きなど、発育に応じて、遊びの中で体を動かす機会を十分に確保し、自ら体を動かそうとする意欲が育つようにすること。

② 健康な心と体を育てるためには望ましい食習慣の形成が重要であることを踏まえ、離乳食が完了期へと徐々に移行する中で、様々な食品に慣れるようにするとともに、和やかな雰囲気の中で食べる喜びや楽しさを味わい、進んで食べようとする気持ちが育つようにすること。なお、食物アレルギーのある子どもへの対応については、嘱託医等の指示や協力の下に適切に対応すること。

イ 身近な人と気持ちが通じ合う

受容的・応答的な関わりの下で、何かを伝えようとする意欲や身近な大人との信頼関係を育て、人と関わる力の基盤を培う。

（ア） ねらい

① 安心できる関係の下で、身近な人と共に過ごす喜びを感じる。

② 体の動きや表情、発声等により、保育士等と気持ちを通わせようとする。

③ 身近な人と親しみ、関わりを深め、愛情や信頼感が芽生える。

（イ） 内容

① 子どもからの働きかけを踏まえた、応答的な触れ合いや言葉がけによって、欲求が満たされ、安定感をもって過ごす。

② 体の動きや表情、発声、喃語等を優しく受け止めてもらい、保育士等とのやり取りを楽しむ。

③ 生活や遊びの中で、自分の身近な人の存在に気付き、親しみの気持ちを表す。

④ 保育士等による語りかけや歌いかけ、発声や喃語等への応答を通じて、言葉の理解や発語の意欲が育つ。

⑤ 温かく、受容的な関わりを通じて、自分を肯定する気持ちが芽生える。

（ウ） 内容の取扱い

上記の取扱いに当たっては、次の事項に留

意する必要がある。

① 保育士等との信頼関係に支えられて生活を確立していくことが人と関わる基盤となることを考慮して、子どもの多様な感情を受け止め、温かく受容的・応答的に関わり、一人一人に応じた適切な援助を行うようにすること。

② 身近な人に親しみをもって接し、自分の感情などを表し、それに相手が応答する言葉を聞くことを通して、次第に言葉が獲得されていくことを考慮して、楽しい雰囲気の中での保育士等との関わり合いを大切にし、ゆっくりと優しく話しかけるなど、積極的に言葉のやり取りを楽しむことができるようにすること。

ウ 身近なものと関わり感性が育つ

身近な環境に興味や好奇心をもって関わり、感じたことや考えたことを表現する力の基盤を培う。

（ア） ねらい

① 身の回りのものに親しみ、様々なものに興味や関心をもつ。

② 見る、触れる、探索するなど、身近な環境に自分から関わろうとする。

③ 身体の諸感覚による認識が豊かになり、表情や手足、体の動き等で表現する。

（イ） 内容

① 身近な生活用具、玩具や絵本などが用意された中で、身の回りのものに対する興味や好奇心をもつ。

② 生活や遊びの中で様々なものに触れ、音、形、色、手触りなどに気付き、感覚の働きを豊かにする。

③ 保育士等と一緒に様々な色彩や形のものや絵本などを見る。

④ 玩具や身の回りのものを、つまむ、つかむ、たたく、引っ張るなど、手や指を使って遊ぶ。

⑤ 保育士等のあやし遊びに機嫌よく応じたり、歌やリズムに合わせて手足や体を動かして楽しんだりする。

（ウ） 内容の取扱い

上記の取扱いに当たっては、次の事項に留意する必要がある。

① 玩具などは、音質、形、色、大きさなど子どもの発達状態に応じて適切なものを選び、その時々の子どもの興味や関心を踏まえるなど、遊びを通して感覚の発達が促されるものとなるように工夫すること。なお、安全な環境の下で、子どもが探索意欲を満たして自由に遊べるよう、身の回りのものについては、常に十分な点検を行うこと。

② 乳児期においては、表情、発声、体の動きなどで、感情を表現することが多いことから、これらの表現しようとする意欲を積極的に受け止めて、子どもが様々な活動を楽しむことを通して表現が豊かになるようにすること。

(3) 保育の実施に関わる配慮事項

ア 乳児は疾病への抵抗力が弱く、心身の機能の未熟さに伴う疾病の発生が多いことから、一人一人の発育及び発達状態や健康状態についての適切な判断に基づく保健的な対応を行うこと。

イ 一人一人の子どもの生育歴の違いに留意しつつ、欲求を適切に満たし、特定の保育士が応答的に関わるように努めること。

ウ 乳児保育に関わる職員間の連携や嘱託医との連携を図り、第3章に示す事項を踏まえ、適切に対応すること。栄養士及び看護師等が配置されている場合は、その専門性を生かした対応を図ること。

エ 保護者との信頼関係を築きながら保育を進めるとともに、保護者からの相談に応じ、保護者への支援に努めていくこと。

オ 担当の保育士が替わる場合には、子どものそれまでの生育歴や発達過程に留意し、職員間で協力して対応すること。

2 1歳以上3歳未満児の保育に関わるねらい及び内容

(1) 基本的事項

ア この時期においては、歩き始めから、歩く、走る、跳ぶなどへと、基本的な運動機能が次第に発達し、排泄の自立のための身体的機能も整うようになる。つまむ、めくるなどの指先の機能も発達し、食事、衣類の着脱なども、保育士等の援助の下で自分で行うようになる。発声も明瞭になり、語彙も増加し、自分の意思や欲求を言葉で表出できるようになる。このように自分でできることが増えてくる時期であることから、保育士等は、子どもの生活の安定を図りながら、自分でしようとする気持ちを尊重し、温かく見守るとともに、愛情豊かに、応答的に関わることが必要である。

イ 本項においては、この時期の発達の特徴を踏まえ、保育の「ねらい」及び「内容」について、心身の健康に関する領域「健康」、人との関わりに関する領域「人間関係」、身近な環境との関わりに関する領域「環境」、言葉の獲得に関する領域「言葉」及び感性と表現に関する領域「表現」としてまとめ、示している。

ウ 本項の各領域において示す保育の内容は、第1章の2に示された養護における「生命の保持」及び「情緒の安定」に関わる保育の内容と、一体となって展開されるものであることに留意が必要である。

(2) ねらい及び内容

ア 健康
健康な心と体を育て、自ら健康で安全な生活をつくり出す力を養う。

(ア) ねらい

① 明るく伸び伸びと生活し、自分から体を動かすことを楽しむ。

② 自分の体を十分に動かし、様々な動きをしようとする。

③ 健康、安全な生活に必要な習慣に気付き、自分でしてみようとする気持ちが育つ。

(イ) 内容

① 保育士等の愛情豊かな受容の下で、安定感をもって生活をする。

② 食事や午睡、遊びと休息など、保育所における生活のリズムが形成される。

③ 走る、跳ぶ、登る、押す、引っ張るなど全身を使う遊びを楽しむ。

④ 様々な食品や調理形態に慣れ、ゆっ

たりとした雰囲気の中で食事や間食を
楽しむ。

⑤　身の回りを清潔に保つ心地よさを感
じ、その習慣が少しずつ身に付く。

⑥　保育士等の助けを借りながら、衣類
の着脱を自分でしようとする。

⑦　便器での排泄(せつ)に慣れ、自分で排泄(せつ)が
できるようになる。

（ウ）　内容の取扱い

上記の取扱いに当たっては、次の事項に留
意する必要がある。

①　心と体の健康は、相互に密接な関連
があるものであることを踏まえ、子ども
の気持ちに配慮した温かい触れ合いの
中で、心と体の発達を促すこと。特に、
一人一人の発育に応じて、体を動かす
機会を十分に確保し、自ら体を動かそ
うとする意欲が育つようにすること。

②　健康な心と体を育てるためには望ま
しい食習慣の形成が重要であることを
踏まえ、ゆったりとした雰囲気の中で
食べる喜びや楽しさを味わい、進んで
食べようとする気持ちが育つようにす
ること。なお、食物アレルギーのある子
どもへの対応については、嘱託医等の
指示や協力の下に適切に対応すること。

③　排泄(せつ)の習慣については、一人一人の
排尿間隔等を踏まえ、おむつが汚れて
いないときに便器に座らせるなどにより、
少しずつ慣れさせるようにすること。

④　食事、排泄(せつ)、睡眠、衣類の着脱、身
の回りを清潔にすることなど、生活に
必要な基本的な習慣については、一人
一人の状態に応じ、落ち着いた雰囲気
の中で行うようにし、子どもが自分で
しようとする気持ちを尊重すること。
また、基本的な生活習慣の形成に当
たっては、家庭での生活経験に配慮し、
家庭との適切な連携の下で行うように
すること。

イ　人間関係

他の人々と親しみ、支え合って生活するため
に、自立心を育て、人と関わる力を養う。

（ア）　ねらい

①　保育所での生活を楽しみ、身近な人
と関わる心地よさを感じる。

②　周囲の子ども等への興味や関心が高
まり、関わりをもとうとする。

③　保育所の生活の仕方に慣れ、きまり
の大切さに気付く。

（イ）　内容

①　保育士等や周囲の子ども等との安定
した関係の中で、共に過ごす心地よさ
を感じる。

②　保育士等の受容的・応答的な関わり
の中で、欲求を適切に満たし、安定感
をもって過ごす。

③　身の回りに様々な人がいることに気
付き、徐々に他の子どもと関わりを
もって遊ぶ。

④　保育士等の仲立ちにより、他の子ど
もとの関わり方を少しずつ身につける。

⑤　保育所の生活の仕方に慣れ、きまり
があることや、その大切さに気付く。

⑥　生活や遊びの中で、年長児や保育士
等の真似をしたり、ごっこ遊びを楽し
んだりする。

（ウ）　内容の取扱い

上記の取扱いに当たっては、次の事項に留
意する必要がある。

①　保育士等との信頼関係に支えられて
生活を確立するとともに、自分で何か
をしようとする気持ちが旺盛になる時
期であることに鑑み、そのような子ど
もの気持ちを尊重し、温かく見守ると
ともに、愛情豊かに、応答的に関わり、
適切な援助を行うようにすること。

②　思い通りにいかない場合等の子どもの
不安定な感情の表出については、保育
士等が受容的に受け止めるとともに、そ
うした気持ちから立ち直る経験や感情を
コントロールすることへの気付き等につ
なげていけるように援助すること。

③　この時期は自己と他者との違いの認
識がまだ十分ではないことから、子ど
もの自我の育ちを見守るとともに、保

育士等が仲立ちとなって、自分の気持ちを相手に伝えることや相手の気持ちに気付くことの大切さなど、友達の気持ちや友達との関わり方を丁寧に伝えていくこと。

ウ　環境

周囲の様々な環境に好奇心や探究心をもって関わり、それらを生活に取り入れていこうとする力を養う。

（ア）　ねらい

①　身近な環境に親しみ、触れ合う中で、様々なものに興味や関心をもつ。

②　様々なものに関わる中で、発見を楽しんだり、考えたりしようとする。

③　見る、聞く、触るなどの経験を通して、感覚の働きを豊かにする。

（イ）　内容

①　安全で活動しやすい環境での探索活動等を通して、見る、聞く、触れる、嗅ぐ、味わうなどの感覚の働きを豊かにする。

②　玩具、絵本、遊具などに興味をもち、それらを使った遊びを楽しむ。

③　身の回りの物に触れる中で、形、色、大きさ、量などの物の性質や仕組みに気付く。

④　自分の物と人の物の区別や、場所的感覚など、環境を捉える感覚が育つ。

⑤　身近な生き物に気付き、親しみをもつ。

⑥　近隣の生活や季節の行事などに興味や関心をもつ。

（ウ）　内容の取扱い

上記の取扱いに当たっては、次の事項に留意する必要がある。

①　玩具などは、音質、形、色、大きさなど子どもの発達状態に応じて適切なものを選び、遊びを通して感覚の発達が促されるように工夫すること。

②　身近な生き物との関わりについては、子どもが命を感じ、生命の尊さに気付く経験へとつながるものであることから、そうした気付きを促すような関わりとなるようにすること。

③　地域の生活や季節の行事などに触れる際には、社会とのつながりや地域社会の文化への気付きにつながるものとなることが望ましいこと。その際、保育所内外の行事や地域の人々との触れ合いなどを通して行うこと等も考慮すること。

エ　言葉

経験したことや考えたことなどを自分なりの言葉で表現し、相手の話す言葉を聞こうとする意欲や態度を育て、言葉に対する感覚や言葉で表現する力を養う。

（ア）　ねらい

①　言葉遊びや言葉で表現する楽しさを感じる。

②　人の言葉や話などを聞き、自分でも思ったことを伝えようとする。

③　絵本や物語等に親しむとともに、言葉のやり取りを通じて身近な人と気持ちを通わせる。

（イ）　内容

①　保育士等の応答的な関わりや話しかけにより、自ら言葉を使おうとする。

②　生活に必要な簡単な言葉に気付き、聞き分ける。

③　親しみをもって日常の挨拶に応じる。

④　絵本や紙芝居を楽しみ、簡単な言葉を繰り返したり、模倣をしたりして遊ぶ。

⑤　保育士等とごっこ遊びをする中で、言葉のやり取りを楽しむ。

⑥　保育士等を仲立ちとして、生活や遊びの中で友達との言葉のやり取りを楽しむ。

⑦　保育士等や友達の言葉や話に興味や関心をもって、聞いたり、話したりする。

（ウ）　内容の取扱い

上記の取扱いに当たっては、次の事項に留意する必要がある。

①　身近な人に親しみをもって接し、自分の感情などを伝え、それに相手が応答し、その言葉を聞くことを通して、次第に言葉が獲得されていくものであることを考慮して、楽しい雰囲気の中

で保育士等との言葉のやり取りができるようにすること。

② 子どもが自分の思いを言葉で伝えるとともに、他の子どもの話などを聞くことを通して、次第に話を理解し、言葉による伝え合いができるようになるよう、気持ちや経験等の言語化を行うことを援助するなど、子ども同士の関わりの仲立ちを行うようにすること。

③ この時期は、片言から、二語文、ごっこ遊びでのやり取りができる程度へと、大きく言葉の習得が進む時期であることから、それぞれの子どもの発達の状況に応じて、遊びや関わりの工夫など、保育の内容を適切に展開することが必要であること。

オ　表現

感じたことや考えたことを自分なりに表現することを通して、豊かな感性や表現する力を養い、創造性を豊かにする。

（ア）　ねらい

① 身体の諸感覚の経験を豊かにし、様々な感覚を味わう。

② 感じたことや考えたことなどを自分なりに表現しようとする。

③ 生活や遊びの様々な体験を通して、イメージや感性が豊かになる。

（イ）　内容

① 水、砂、土、紙、粘土など様々な素材に触れて楽しむ。

② 音楽、リズムやそれに合わせた体の動きを楽しむ。

③ 生活の中で様々な音、形、色、手触り、動き、味、香りなどに気付いたり、感じたりして楽しむ。

④ 歌を歌ったり、簡単な手遊びや全身を使う遊びを楽しんだりする。

⑤ 保育士等からの話や、生活や遊びの中での出来事を通して、イメージを豊かにする。

⑥ 生活や遊びの中で、興味のあることや経験したことなどを自分なりに表現する。

（ウ）　内容の取扱い

上記の取扱いに当たっては、次の事項に留意する必要がある。

① 子どもの表現は、遊びや生活の様々な場面で表出されているものであることから、それらを積極的に受け止め、様々な表現の仕方や感性を豊かにする経験となるようにすること。

② 子どもが試行錯誤しながら様々な表現を楽しむことや、自分の力でやり遂げる充実感などに気付くよう、温かく見守るとともに、適切に援助を行うようにすること。

③ 様々な感情の表現等を通じて、子どもが自分の感情や気持ちに気付くようになる時期であることに鑑み、受容的な関わりの中で自信をもって表現をすることや、諦めずに続けた後の達成感等を感じられるような経験が蓄積されるようにすること。

④ 身近な自然や身の回りの事物に関わる中で、発見や心が動く経験が得られるよう、諸感覚を働かせることを楽しむ遊びや素材を用意するなど保育の環境を整えること。

（3）　保育の実施に関わる配慮事項

ア　特に感染症にかかりやすい時期であるので、体の状態、機嫌、食欲などの日常の状態の観察を十分に行うとともに、適切な判断に基づく保健的な対応を心がけること。

イ　探索活動が十分できるように、事故防止に努めながら活動しやすい環境を整え、全身を使う遊びなど様々な遊びを取り入れること。

ウ　自我が形成され、子どもが自分の感情や気持ちに気付くようになる重要な時期であることに鑑み、情緒の安定を図りながら、子どもの自発的な活動を尊重するとともに促していくこと。

エ　担当の保育士が替わる場合には、子どものそれまでの経験や発達過程に留意し、職員間で協力して対応すること。

3　3歳以上児の保育に関するねらい及び内容

(1)　基本的事項

ア　この時期においては、運動機能の発達により、基本的な動作が一通りできるようになるとともに、基本的な生活習慣もほぼ自立できるようになる。理解する語彙数が急激に増加し、知的興味や関心も高まってくる。仲間と遊び、仲間の中の一人という自覚が生じ、集団的な遊びや協同的な活動も見られるようになる。これらの発達の特徴を踏まえて、この時期の保育においては、個の成長と集団としての活動の充実が図られるようにしなければならない。

イ　本項においては、この時期の発達の特徴を踏まえ、保育の「ねらい」及び「内容」について、心身の健康に関する領域「健康」、人との関わりに関する領域「人間関係」、身近な環境との関わりに関する領域「環境」、言葉の獲得に関する領域「言葉」及び感性と表現に関する領域「表現」としてまとめ、示している。

ウ　本項の各領域において示す保育の内容は、第1章の2に示された養護における「生命の保持」及び「情緒の安定」に関わる保育の内容と、一体となって展開されるものであることに留意が必要である。

(2)　ねらい及び内容

ア　健康

健康な心と体を育て、自ら健康で安全な生活をつくり出す力を養う。

（ア）　ねらい

①　明るく伸び伸びと行動し、充実感を味わう。

②　自分の体を十分に動かし、進んで運動しようとする。

③　健康、安全な生活に必要な習慣や態度を身に付け、見通しをもって行動する。

（イ）　内容

①　保育士等や友達と触れ合い、安定感をもって行動する。

②　いろいろな遊びの中で十分に体を動かす。

③　進んで戸外で遊ぶ。

④　様々な活動に親しみ、楽しんで取り組む。

⑤　保育士等や友達と食べることを楽しみ、食べ物への興味や関心をもつ。

⑥　健康な生活のリズムを身に付ける。

⑦　身の回りを清潔にし、衣服の着脱、食事、排泄などの生活に必要な活動を自分でする。

⑧　保育所における生活の仕方を知り、自分たちで生活の場を整えながら見通しをもって行動する。

⑨　自分の健康に関心をもち、病気の予防などに必要な活動を進んで行う。

⑩　危険な場所、危険な遊び方、災害時などの行動の仕方が分かり、安全に気を付けて行動する。

（ウ）　内容の取扱い

上記の取扱いに当たっては、次の事項に留意する必要がある。

①　心と体の健康は、相互に密接な関連があるものであることを踏まえ、子どもが保育士等や他の子どもとの温かい触れ合いの中で自己の存在感や充実感を味わうことなどを基盤として、しなやかな心と体の発達を促すこと。特に、十分に体を動かす気持ちよさを体験し、自ら体を動かそうとする意欲が育つようにすること。

②　様々な遊びの中で、子どもが興味や関心、能力に応じて全身を使って活動することにより、体を動かす楽しさを味わい、自分の体を大切にしようとする気持ちが育つようにすること。その際、多様な動きを経験する中で、体の動きを調整するようにすること。

③　自然の中で伸び伸びと体を動かして遊ぶことにより、体の諸機能の発達が促されることに留意し、子どもの興味や関心が戸外にも向くようにすること。その際、子どもの動線に配慮した園庭や遊具の配置などを工夫すること。

④　健康な心と体を育てるためには食育を通じた望ましい食習慣の形成が大切であることを踏まえ、子どもの食生活の実情に配慮し、和やかな雰囲気の中

で保育士等や他の子どもと食べる喜び
や楽しさを味わったり、様々な食べ物
への興味や関心をもったりするなどし、
食の大切さに気付き、進んで食べよう
とする気持ちが育つようにすること。

⑤　基本的な生活習慣の形成に当たって
は、家庭での生活経験に配慮し、子ど
もの自立心を育て、子どもが他の子ど
もと関わりながら主体的な活動を展開
する中で、生活に必要な習慣を身に付
け、次第に見通しをもって行動できる
ようにすること。

⑥　安全に関する指導に当たっては、情
緒の安定を図り、遊びを通して安全に
ついての構えを身に付け、危険な場所
や事物などが分かり、安全についての
理解を深めるようにすること。また、
交通安全の習慣を身に付けるようにす
るとともに、避難訓練などを通して、
災害などの緊急時に適切な行動がとれ
るようにすること。

イ　人間関係
他の人々と親しみ、支え合って生活するため
に、自立心を育て、人と関わる力を養う。
（ア）　ねらい

①　保育所の生活を楽しみ、自分の力で
行動することの充実感を味わう。

②　身近な人と親しみ、関わりを深め、
工夫したり、協力したりして一緒に活
動する楽しさを味わい、愛情や信頼感
をもつ。

③　社会生活における望ましい習慣や態
度を身に付ける。

（イ）　内容

①　保育士等や友達と共に過ごすことの
喜びを味わう。

②　自分で考え、自分で行動する。

③　自分でできることは自分でする。

④　いろいろな遊びを楽しみながら物事
をやり遂げようとする気持ちをもつ。

⑤　友達と積極的に関わりながら喜びや
悲しみを共感し合う。

⑥　自分の思ったことを相手に伝え、相

手の思っていることに気付く。

⑦　友達のよさに気付き、一緒に活動す
る楽しさを味わう。

⑧　友達と楽しく活動する中で、共通の
目的を見いだし、工夫したり、協力し
たりなどする。

⑨　よいことや悪いことがあることに気
付き、考えながら行動する。

⑩　友達との関わりを深め、思いやりを
もつ。

⑪　友達と楽しく生活する中できまりの
大切さに気付き、守ろうとする。

⑫　共同の遊具や用具を大切にし、皆で
使う。

⑬　高齢者をはじめ地域の人々などの自
分の生活に関係の深いいろいろな人に
親しみをもつ。

（ウ）　内容の取扱い
上記の取扱いに当たっては、次の事項に留
意する必要がある。

①　保育士等との信頼関係に支えられて
自分自身の生活を確立していくことが
人と関わる基盤となることを考慮し、
子どもが自ら周囲に働き掛けることに
より多様な感情を体験し、試行錯誤し
ながら諦めずにやり遂げることの達成
感や、前向きな見通しをもって自分の
力で行うことの充実感を味わうことが
できるよう、子どもの行動を見守りな
がら適切な援助を行うようにすること。

②　一人一人を生かした集団を形成しな
がら人と関わる力を育てていくように
すること。その際、集団の生活の中で、
子どもが自己を発揮し、保育士等や他
の子どもに認められる体験をし、自分
のよさや特徴に気付き、自信をもって
行動できるようにすること。

③　子どもが互いに関わりを深め、協同
して遊ぶようになるため、自ら行動す
る力を育てるとともに、他の子どもと
試行錯誤しながら活動を展開する楽し
さや共通の目的が実現する喜びを味わ
うことができるようにすること。

④　道徳性の芽生えを培うに当たっては、基本的な生活習慣の形成を図るとともに、子どもが他の子どもとの関わりの中で他人の存在に気付き、相手を尊重する気持ちをもって行動できるようにし、また、自然や身近な動植物に親しむことなどを通して豊かな心情が育つようにすること。特に、人に対する信頼感や思いやりの気持ちは、葛藤やつまずきをも体験し、それらを乗り越えることにより次第に芽生えてくることに配慮すること。

⑤　集団の生活を通して、子どもが人との関わりを深め、規範意識の芽生えが培われることを考慮し、子どもが保育士等との信頼関係に支えられて自己を発揮する中で、互いに思いを主張し、折り合いを付ける体験をし、きまりの必要性などに気付き、自分の気持ちを調整する力が育つようにすること。

⑥　高齢者をはじめ地域の人々などの自分の生活に関係の深いいろいろな人と触れ合い、自分の感情や意志を表現しながら共に楽しみ、共感し合う体験を通して、これらの人々などに親しみをもち、人と関わることの楽しさや人の役に立つ喜びを味わうことができるようにすること。また、生活を通して親や祖父母などの家族の愛情に気付き、家族を大切にしようとする気持ちが育つようにすること。

ウ　環境

周囲の様々な環境に好奇心や探究心をもって関わり、それらを生活に取り入れていこうとする力を養う。

（ア）　ねらい

①　身近な環境に親しみ、自然と触れ合う中で様々な事象に興味や関心をもつ。

②　身近な環境に自分から関わり、発見を楽しんだり、考えたりし、それを生活に取り入れようとする。

③　身近な事象を見たり、考えたり、扱ったりする中で、物の性質や数量、文字などに対する感覚を豊かにする。

（イ）　内容

①　自然に触れて生活し、その大きさ、美しさ、不思議さなどに気付く。

②　生活の中で、様々な物に触れ、その性質や仕組みに興味や関心をもつ。

③　季節により自然や人間の生活に変化のあることに気付く。

④　自然などの身近な事象に関心をもち、取り入れて遊ぶ。

⑤　身近な動植物に親しみをもって接し、生命の尊さに気付き、いたわったり、大切にしたりする。

⑥　日常生活の中で、我が国や地域社会における様々な文化や伝統に親しむ。

⑦　身近な物を大切にする。

⑧　身近な物や遊具に興味をもって関わり、自分なりに比べたり、関連付けたりしながら考えたり、試したりして工夫して遊ぶ。

⑨　日常生活の中で数量や図形などに関心をもつ。

⑩　日常生活の中で簡単な標識や文字などに関心をもつ。

⑪　生活に関係の深い情報や施設などに興味や関心をもつ。

⑫　保育所内外の行事において国旗に親しむ。

（ウ）　内容の取扱い

上記の取扱いに当たっては、次の事項に留意する必要がある。

①　子どもが、遊びの中で周囲の環境と関わり、次第に周囲の世界に好奇心を抱き、その意味や操作の仕方に関心をもち、物事の法則性に気付き、自分なりに考えることができるようになる過程を大切にすること。また、他の子どもの考えなどに触れて新しい考えを生み出す喜びや楽しさを味わい、自分の考えをよりよいものにしようとする気持ちが育つようにすること。

②　幼児期において自然のもつ意味は大きく、自然の大きさ、美しさ、不思議

さなどに直接触れる体験を通して、子どもの心が安らぎ、豊かな感情、好奇心、思考力、表現力の基礎が培われることを踏まえ、子どもが自然との関わりを深めることができるよう工夫すること。

③ 身近な事象や動植物に対する感動を伝え合い、共感し合うことなどを通して自分から関わろうとする意欲を育てるとともに、様々な関わり方を通してそれらに対する親しみや畏敬の念、生命を大切にする気持ち、公共心、探究心などが養われるようにすること。

④ 文化や伝統に親しむ際には、正月や節句など我が国の伝統的な行事、国歌、唱歌、わらべうたや我が国の伝統的な遊びに親しんだり、異なる文化に触れる活動に親しんだりすることを通じて、社会とのつながりの意識や国際理解の意識の芽生えなどが養われるようにすること。

⑤ 数量や文字などに関しては、日常生活の中で子ども自身の必要感に基づく体験を大切にし、数量や文字などに関する興味や関心、感覚が養われるようにすること。

エ 言葉

経験したことや考えたことなどを自分なりの言葉で表現し、相手の話す言葉を聞こうとする意欲や態度を育て、言葉に対する感覚や言葉で表現する力を養う。

（ア）ねらい

① 自分の気持ちを言葉で表現する楽しさを味わう。

② 人の言葉や話などをよく聞き、自分の経験したことや考えたことを話し、伝え合う喜びを味わう。

③ 日常生活に必要な言葉が分かるようになるとともに、絵本や物語などに親しみ、言葉に対する感覚を豊かにし、保育士等や友達と心を通わせる。

（イ）内容

① 保育士等や友達の言葉や話に興味や関心をもち、親しみをもって聞いたり、話したりする。

② したり、見たり、聞いたり、感じたり、考えたりなどしたことを自分なりに言葉で表現する。

③ したいこと、してほしいことを言葉で表現したり、分からないことを尋ねたりする。

④ 人の話を注意して聞き、相手に分かるように話す。

⑤ 生活の中で必要な言葉が分かり、使う。

⑥ 親しみをもって日常の挨拶をする。

⑦ 生活の中で言葉の楽しさや美しさに気付く。

⑧ いろいろな体験を通じてイメージや言葉を豊かにする。

⑨ 絵本や物語などに親しみ、興味をもって聞き、想像をする楽しさを味わう。

⑩ 日常生活の中で、文字などで伝える楽しさを味わう。

（ウ）内容の取扱い

上記の取扱いに当たっては、次の事項に留意する必要がある。

① 言葉は、身近な人に親しみをもって接し、自分の感情や意志などを伝え、それに相手が応答し、その言葉を聞くことを通して次第に獲得されていくものであることを考慮して、子どもが保育士等や他の子どもと関わることにより心を動かされるような体験をし、言葉を交わす喜びを味わえるようにすること。

② 子どもが自分の思いを言葉で伝えるとともに、保育士等や他の子どもなどの話を興味をもって注意して聞くことを通して次第に話を理解するようになっていき、言葉による伝え合いができるようにすること。

③ 絵本や物語などで、その内容と自分の経験とを結び付けたり、想像を巡らせたりするなど、楽しみを十分に味わうことによって、次第に豊かなイメージをもち、言葉に対する感覚が養われ

るようにすること。

④　子どもが生活の中で、言葉の響きや
リズム、新しい言葉や表現などに触れ、
これらを使う楽しさを味わえるように
すること。その際、絵本や物語に親し
んだり、言葉遊びなどをしたりするこ
とを通して、言葉が豊かになるように
すること。

⑤　子どもが日常生活の中で、文字など
を使いながら思ったことや考えたこと
を伝える喜びや楽しさを味わい、文字
に対する興味や関心をもつようにする
こと。

オ　表現

感じたことや考えたことを自分なりに表現す
ることを通して、豊かな感性や表現する力を
養い、創造性を豊かにする。

（ア）　ねらい

①　いろいろなものの美しさなどに対す
る豊かな感性をもつ。

②　感じたことや考えたことを自分なり
に表現して楽しむ。

③　生活の中でイメージを豊かにし、
様々な表現を楽しむ。

（イ）　内容

①　生活の中で様々な音、形、色、手触
り、動きなどに気付いたり、感じたり
するなどして楽しむ。

②　生活の中で美しいものや心を動かす
出来事に触れ、イメージを豊かにする。

③　様々な出来事の中で、感動したこと
を伝え合う楽しさを味わう。

④　感じたこと、考えたことなどを音や
動きなどで表現したり、自由にかいた
り、つくったりなどする。

⑤　いろいろな素材に親しみ、工夫して
遊ぶ。

⑥　音楽に親しみ、歌を歌ったり、簡単
なリズム楽器を使ったりなどする楽し
さを味わう。

⑦　かいたり、つくったりすることを楽
しみ、遊びに使ったり、飾ったりなど
する。

⑧　自分のイメージを動きや言葉などで
表現したり、演じて遊んだりするなど
の楽しさを味わう。

（ウ）　内容の取扱い

上記の取扱いに当たっては、次の事項に留
意する必要がある。

①　豊かな感性は、身近な環境と十分に
関わる中で美しいもの、優れたもの、
心を動かす出来事などに出会い、そこ
から得た感動を他の子どもや保育士等
と共有し、様々に表現することなどを
通して養われるようにすること。その
際、風の音や雨の音、身近にある草や
花の形や色など自然の中にある音、形、
色などに気付くようにすること。

②　子どもの自己表現は素朴な形で行わ
れることが多いので、保育士等はその
ような表現を受容し、子ども自身の表
現しようとする意欲を受け止めて、子
どもが生活の中で子どもらしい様々な
表現を楽しむことができるようにする
こと。

③　生活経験や発達に応じ、自ら様々な
表現を楽しみ、表現する意欲を十分に
発揮させることができるように、遊具
や用具などを整えたり、様々な素材や
表現の仕方に親しんだり、他の子ども
の表現に触れられるよう配慮したりし、
表現する過程を大切にして自己表現を
楽しめるように工夫すること。

（3）　保育の実施に関わる配慮事項

ア　第1章の4の（2）に示す「幼児期の終わり
までに育ってほしい姿」が、ねらい及び内容
に基づく活動全体を通して資質・能力が育ま
れている子どもの小学校就学時の具体的な姿
であることを踏まえ、指導を行う際には適宜
考慮すること。

イ　子どもの発達や成長の援助をねらいとした
活動の時間については、意識的に保育の計画
等において位置付けて、実施することが重要
であること。なお、そのような活動の時間に
ついては、保護者の就労状況等に応じて子ど
もが保育所で過ごす時間がそれぞれ異なるこ

とに留意して設定すること。

ウ　特に必要な場合には、各領域に示すねらいの趣旨に基づいて、具体的な内容を工夫し、それを加えても差し支えないが、その場合には、それが第1章の1に示す保育所保育に関する基本原則を逸脱しないよう慎重に配慮する必要があること。

4　保育の実施に関して留意すべき事項

（1）　保育全般に関わる配慮事項

ア　子どもの心身の発達及び活動の実態などの個人差を踏まえるとともに、一人一人の子どもの気持ちを受け止め、援助すること。

イ　子どもの健康は、生理的・身体的な育ちとともに、自主性や社会性、豊かな感性の育ちとがあいまってもたらされることに留意すること。

ウ　子どもが自ら周囲に働きかけ、試行錯誤しつつ自分の力で行う活動を見守りながら、適切に援助すること。

エ　子どもの入所時の保育に当たっては、できるだけ個別的に対応し、子どもが安定感を得て、次第に保育所の生活になじんでいくようにするとともに、既に入所している子どもに不安や動揺を与えないようにすること。

オ　子どもの国籍や文化の違いを認め、互いに尊重する心を育てるようにすること。

カ　子どもの性差や個人差にも留意しつつ、性別などによる固定的な意識を植え付けることがないようにすること。

（2）　小学校との連携

ア　保育所においては、保育所保育が、小学校以降の生活や学習の基盤の育成につながることに配慮し、幼児期にふさわしい生活を通じて、創造的な思考や主体的な生活態度などの基礎を培うようにすること。

イ　保育所保育において育まれた資質・能力を踏まえ、小学校教育が円滑に行われるよう、小学校教師との意見交換や合同の研究の機会などを設け、第1章の4の(2)に示す「幼児期の終わりまでに育って欲しい姿」を共有するなど連携を図り、保育所保育と小学校教育との円滑な接続を図るよう努めること。

ウ　子どもに関する情報共有に関して、保育所に入所している子どもの就学に際し、市町村の支援の下に、子どもの育ちを支えるための資料が保育所から小学校へ送付されるようにすること。

（3）　家庭及び地域社会との連携

子どもの生活の連続性を踏まえ、家庭及び地域社会と連携して保育が展開されるよう配慮すること。その際、家庭や地域の機関及び団体の協力を得て、地域の自然、高齢者や異年齢の子ども等を含む人材、行事、施設等の地域の資源を積極的に活用し、豊かな生活体験をはじめ保育内容の充実が図られるよう配慮すること。

第3章　健康及び安全

保育所保育において、子どもの健康及び安全の確保は、子どもの生命の保持と健やかな生活の基本であり、一人一人の子どもの健康の保持及び増進並びに安全の確保とともに、保育所全体における健康及び安全の確保に努めることが重要となる。

また、子どもが、自らの体や健康に関心をもち、心身の機能を高めていくことが大切である。

このため、第1章及び第2章等の関連する事項に留意し、次に示す事項を踏まえ、保育を行うこととする。

1　子どもの健康支援

（1）　子どもの健康状態並びに発育及び発達状態の把握

ア　子どもの心身の状態に応じて保育するために、子どもの健康状態並びに発育及び発達状態について、定期的・継続的に、また、必要に応じて随時、把握すること。

イ　保護者からの情報とともに、登所時及び保育中を通じて子どもの状態を観察し、何らかの疾病が疑われる状態や傷害が認められた場合には、保護者に連絡するとともに、嘱託医

と相談するなど適切な対応を図ること。看護
師等が配置されている場合には、その専門性
を生かした対応を図ること。

ウ　子どもの心身の状態等を観察し、不適切な養
育の兆候が見られる場合には、市町村や関係機
関と連携し、児童福祉法第25条に基づき、適
切な対応を図ること。また、虐待が疑われる場
合には、速やかに市町村又は児童相談所に通告
し、適切な対応を図ること。

(2)　健康増進

ア　子どもの健康に関する保健計画を全体的な
計画に基づいて作成し、全職員がそのねらい
や内容を踏まえ、一人一人の子どもの健康の
保持及び増進に努めていくこと。

イ　子どもの心身の健康状態や疾病等の把握の
ために、嘱託医等により定期的に健康診断を
行い、その結果を記録し、保育に活用すると
ともに、保護者が子どもの状態を理解し、日
常生活に活用できるようにすること。

(3)　疾病等への対応

ア　保育中に体調不良や傷害が発生した場合に
は、その子どもの状態等に応じて、保護者に
連絡するとともに、適宜、嘱託医や子どもの
かかりつけ医等と相談し、適切な処置を行う
こと。看護師等が配置されている場合には、
その専門性を生かした対応を図ること。

イ　感染症やその他の疾病の発生予防に努め、
その発生や疑いがある場合には、必要に応じ
て嘱託医、市町村、保健所等に連絡し、その
指示に従うとともに、保護者や全職員に連絡
し、予防等について協力を求めること。また、
感染症に関する保育所の対応方法等について、
あらかじめ関係機関の協力を得ておくこと。
看護師等が配置されている場合には、その専
門性を生かした対応を図ること。

ウ　アレルギー疾患を有する子どもの保育につ
いては、保護者と連携し、医師の診断及び指
示に基づき、適切な対応を行うこと。また、
食物アレルギーに関して、関係機関と連携し
て、当該保育所の体制構築など、安全な環境
の整備を行うこと。看護師や栄養士等が配置
されている場合には、その専門性を生かした
対応を図ること。

エ　子どもの疾病等の事態に備え、医務室等の
環境を整え、救急用の薬品、材料等を適切な
管理の下に常備し、全職員が対応できるよう
にしておくこと。

2　食育の推進

(1)　保育所の特性を生かした食育

ア　保育所における食育は、健康な生活の基本
としての「食を営む力」の育成に向け、その
基礎を培うことを目標とすること。

イ　子どもが生活と遊びの中で、意欲をもって
食に関わる体験を積み重ね、食べることを楽
しみ、食事を楽しみ合う子どもに成長してい
くことを期待するものであること。

ウ　乳幼児期にふさわしい食生活が展開され、
適切な援助が行われるよう、食事の提供を含
む食育計画を全体的な計画に基づいて作成し、
その評価及び改善に努めること。栄養士が配
置されている場合は、専門性を生かした対応
を図ること。

(2)　食育の環境の整備等

ア　子どもが自らの感覚や体験を通して、自然
の恵みとしての食材や食の循環・環境への意
識、調理する人への感謝の気持ちが育つよう
に、子どもと調理員等との関わりや、調理室
など食に関わる保育環境に配慮すること。

イ　保護者や地域の多様な関係者との連携及び
協働の下で、食に関する取組が進められるこ
と。また、市町村の支援の下に、地域の関係
機関等との日常的な連携を図り、必要な協力
が得られるよう努めること。

ウ　体調不良、食物アレルギー、障害のある子
どもなど、一人一人の子どもの心身の状態等
に応じ、嘱託医、かかりつけ医等の指示や協
力の下に適切に対応すること。栄養士が配置
されている場合は、専門性を生かした対応を
図ること。

3　環境及び衛生管理並びに安全管理

(1)　環境及び衛生管理

ア　施設の温度、湿度、換気、採光、音などの
環境を常に適切な状態に保持するとともに、
施設内外の設備及び用具等の衛生管理に努め

ること。

イ　施設内外の適切な環境の維持に努めるとともに、子ども及び全職員が清潔を保つようにすること。また、職員は衛生知識の向上に努めること。

（2）　事故防止及び安全対策

ア　保育中の事故防止のために、子どもの心身の状態等を踏まえつつ、施設内外の安全点検に努め、安全対策のために全職員の共通理解や体制づくりを図るとともに、家庭や地域の関係機関の協力の下に安全指導を行うこと。

イ　事故防止の取組を行う際には、特に、睡眠中、プール活動・水遊び中、食事中等の場面では重大事故が発生しやすいことを踏まえ、子どもの主体的な活動を大切にしつつ、施設内外の環境の配慮や指導の工夫を行うなど、必要な対策を講じること。

ウ　保育中の事故の発生に備え、施設内外の危険箇所の点検や訓練を実施するとともに、外部からの不審者等の侵入防止のための措置や訓練など不測の事態に備えて必要な対応を行うこと。また、子どもの精神保健面における対応に留意すること。

4　災害への備え

（1）　施設・設備等の安全確保

ア　防火設備、避難経路等の安全性が確保されるよう、定期的にこれらの安全点検を行うこと。

イ　備品、遊具等の配置、保管を適切に行い、日頃から、安全環境の整備に努めること。

（2）　災害発生時の対応体制及び避難への備え

ア　火災や地震などの災害の発生に備え、緊急時の対応の具体的内容及び手順、職員の役割分担、避難訓練計画等に関するマニュアルを作成すること。

イ　定期的に避難訓練を実施するなど、必要な対応を図ること。

ウ　災害の発生時に、保護者等への連絡及び子どもの引渡しを円滑に行うため、日頃から保護者との密接な連携に努め、連絡体制や引渡し方法等について確認をしておくこと。

（3）　地域の関係機関等との連携

ア　市町村の支援の下に、地域の関係機関との日常的な連携を図り、必要な協力が得られるよう努めること。

イ　避難訓練については、地域の関係機関や保護者との連携の下に行うなど工夫すること。

第4章　子育て支援

　保育所における保護者に対する子育て支援は、全ての子どもの健やかな育ちを実現することができるよう、第1章及び第2章等の関連する事項を踏まえ、子どもの育ちを家庭と連携して支援していくとともに、保護者及び地域が有する子育てを自ら実践する力の向上に資するよう、次の事項に留意するものとする。

1　保育所における子育て支援に関する基本的事項

（1）　保育所の特性を生かした子育て支援

ア　保護者に対する子育て支援を行う際には、各地域や家庭の実態等を踏まえるとともに、保護者の気持ちを受け止め、相互の信頼関係を基本に、保護者の自己決定を尊重すること。

イ　保育及び子育てに関する知識や技術など、保育士等の専門性や、子どもが常に存在する環境など、保育所の特性を生かし、保護者が子どもの成長に気付き子育ての喜びを感じられるように努めること。

（2）　子育て支援に関して留意すべき事項

ア　保護者に対する子育て支援における地域の関係機関等との連携及び協働を図り、保育所全体の体制構築に努めること。

イ　子どもの利益に反しない限りにおいて、保護者や子どものプライバシーを保護し、知り得た事柄の秘密を保持すること。

2　保育所を利用している保護者に対する子育て支援

（1）　保護者との相互理解

ア　日常の保育に関連した様々な機会を活用し

子どもの日々の様子の伝達や収集、保育所保育の意図の説明などを通じて、保護者との相互理解を図るよう努めること。

イ　保育の活動に対する保護者の積極的な参加は、保護者の子育てを自ら実践する力の向上に寄与することから、これを促すこと。

(2)　保護者の状況に配慮した個別の支援

ア　保護者の就労と子育ての両立等を支援するため、保護者の多様化した保育の需要に応じ、病児保育事業など多様な事業を実施する場合には、保護者の状況に配慮するとともに、子どもの福祉が尊重されるよう努め、子どもの生活の連続性を考慮すること。

イ　子どもに障害や発達上の課題が見られる場合には、市町村や関係機関と連携及び協力を図りつつ、保護者に対する個別の支援を行うよう努めること。

ウ　外国籍家庭など、特別な配慮を必要とする家庭の場合には、状況等に応じて個別の支援を行うよう努めること。

(3)　不適切な養育等が疑われる家庭への支援

ア　保護者に育児不安等が見られる場合には、保護者の希望に応じて個別の支援を行うよう努めること。

イ　保護者に不適切な養育等が疑われる場合には、市町村や関係機関と連携し、要保護児童対策地域協議会で検討するなど適切な対応を図ること。また、虐待が疑われる場合には、速やかに市町村又は児童相談所に通告し、適切な対応を図ること。

3　地域の保護者等に対する子育て支援

(1)　地域に開かれた子育て支援

ア　保育所は、児童福祉法第48条の4の規定に基づき、その行う保育に支障がない限りにおいて、地域の実情や当該保育所の体制等を踏まえ、地域の保護者等に対して、保育所保育の専門性を生かした子育て支援を積極的に行うよう努めること。

イ　地域の子どもに対する一時預かり事業などの活動を行う際には、一人一人の子どもの心身の状態などを考慮するとともに、日常の保育との関連に配慮するなど、柔軟に活動を展開できるようにすること。

(2)　地域の関係機関等との連携

ア　市町村の支援を得て、地域の関係機関等との積極的な連携及び協働を図るとともに、子育て支援に関する地域の人材と積極的に連携を図るよう努めること。

イ　地域の要保護児童への対応など、地域の子どもを巡る諸課題に対し、要保護児童対策地域協議会など関係機関等と連携及び協力して取り組むよう努めること。

第5章　職員の資質向上

第1章から前章までに示された事項を踏まえ、保育所は、質の高い保育を展開するため、絶えず、一人一人の職員についての資質向上及び職員全体の専門性の向上を図るよう努めなければならない。

1　職員の資質向上に関する基本的事項

(1)　保育所職員に求められる専門性

子どもの最善の利益を考慮し、人権に配慮した保育を行うためには、職員一人一人の倫理観、人間性並びに保育所職員としての職務及び責任の理解と自覚が基盤となる。

各職員は、自己評価に基づく課題等を踏まえ、保育所内外の研修等を通じて、保育士・看護師・調理員・栄養士等、それぞれの職務内容に応じた専門性を高めるため、必要な知識及び技術の修得、維持及び向上に努めなければならない。

(2)　保育の質の向上に向けた組織的な取組

保育所においては、保育の内容等に関する自己評価等を通じて把握した、保育の質の向上に向けた課題に組織的に対応するため、保育内容の改善や保育士等の役割分担の見直し等に取り組むとともに、それぞれの職位や職務内容等に応じて、各職員が必要な知識及び技能を身につけ

られるよう努めなければならない。

2　施設長の責務

（1）　施設長の責務と専門性の向上

施設長は、保育所の役割や社会的責任を遂行するために、法令等を遵守し、保育所を取り巻く社会情勢等を踏まえ、施設長としての専門性等の向上に努め、当該保育所における保育の質及び職員の専門性向上のために必要な環境の確保に努めなければならない。

（2）　職員の研修機会の確保等

施設長は、保育所の全体的な計画や、各職員の研修の必要性等を踏まえて、体系的・計画的な研修機会を確保するとともに、職員の勤務体制の工夫等により、職員が計画的に研修等に参加し、その専門性の向上が図られるよう努めなければならない。

3　職員の研修等

（1）　職場における研修

職員が日々の保育実践を通じて、必要な知識及び技術の修得、維持及び向上を図るとともに、保育の課題等への共通理解や協働性を高め、保育所全体としての保育の質の向上を図っていくためには、日常的に職員同士が主体的に学び合う姿勢と環境が重要であり、職場内での研修の充実が図られなければならない。

（2）　外部研修の活用

各保育所における保育の課題への的確な対応

や、保育士等の専門性の向上を図るためには、職場内での研修に加え、関係機関等による研修の活用が有効であることから、必要に応じて、こうした外部研修への参加機会が確保されるよう努めなければならない。

4　研修の実施体制等

（1）　体系的な研修計画の作成

保育所においては、当該保育所における保育の課題や各職員のキャリアパス等も見据えて、初任者から管理職員までの職位や職務内容等を踏まえた体系的な研修計画を作成しなければならない。

（2）　組織内での研修成果の活用

外部研修に参加する職員は、自らの専門性の向上を図るとともに、保育所における保育の課題を理解し、その解決を実践できる力を身に付けることが重要である。また、研修で得た知識及び技能を他の職員と共有することにより、保育所全体としての保育実践の質及び専門性の向上につなげていくことが求められる。

（3）研修の実施に関する留意事項

施設長等は保育所全体としての保育実践の質及び専門性の向上のために、研修の受講は特定の職員に偏ることなく行われるよう、配慮する必要がある。また、研修を修了した職員については、その職務内容等において、当該研修の成果等が適切に勘案されることが望ましい。

著者略歴

杉本　明（すぎもと　あきら）

国立音楽大学教育音楽学科第Ⅱ類（リトミック）卒業。東京都立養護学校教諭、国立音楽大学附属小学校教諭、リトミック研究センター東京第一支局支局長・チーフ指導者を経て現在、特定非営利活動法人リトミック研究センター理事、同研究室室長。白百合女子大学非常勤講師。著書に、『これからはじめる即興演奏』（スタイルノート、共著）、『子どものためのリトミック de 発表会』（明治図書、共著）、『小学生のためのリトミック１２３』（リトミック研究センター、共著）など。

川口潤子（かわぐち　じゅんこ）

大阪音楽大学ピアノ専攻卒業。オーストリア国立音楽芸術大学モーツァルテウム・オルフ研究所にて、音と動きの教育を学ぶ。現在、白百合女子大学准教授、日本オルフ音楽教育研究会運営委員。著書に、『実践しながら学ぶ子どもの音楽表現』（保育出版社、共著）、『音楽表現（コンパクト版保育内容シリーズ⑤）』（一藝社、共著）、『オルフ・シュールヴェルクの研究と実践』（朝日出版社、共著）。

三ツ本晴彦（みつもと　はるひこ）

国立音楽大学音楽学部声楽科卒業。同大学院声楽（ドイツ歌曲）専攻修了。ドイツ・ミュンヘンにてハンス・ホッター教授によるドイツ歌曲マスタークラス修了。数多くの中学・高等学校及び大学の非常勤講師を歴任する傍ら、歌曲や宗教曲を中心にソリストとして活躍。元白百合女子大学准教授。元玉川大学非常勤講師。現在、白百合女子大学非常勤講師。著書に、『先生、歌うまいね』。

土橋久美子（どばし　くみこ）

文京学院大学大学院人間学研究科人間学専攻修了。幼稚園教諭として私立幼稚園、未就園児グループなど、保育現場に約 16 年携わる。現在、白百合女子大学准教授、東京都子育て支援員育成講座講師、東京都台東区指導者育成会運営委員。著書に、『保育に役立つ言語表現教材　第 2 版』（みらい、共著）、『新版　保育・教育課程総論』（大学図書出版、共著）、『保育・教育実習　フィールドで学ぼう』（同文書院、共著）など。

先生になろう！音楽編
―― 保育士、幼稚園教諭、小学校教諭になるための音楽の基礎知識からリトミックを応用した指導法まで

発行日　2020 年 3 月 26 日　第 1 刷

著　者　杉本 明・川口潤子・三ツ本晴彦・土橋久美子

発行人　池田茂樹

発行所　株式会社スタイルノート
　　　　〒 185-0021
　　　　東京都国分寺市南町 2-17-9 ART ビル5F
　　　　電話 042-329-9288
　　　　E-Mail books@stylenote.co.jp
　　　　URL https://www.stylenote.co.jp/

装画・挿画　いだりえ
　　装　幀　福田和雄（FUKUDA DESIGN）
　　印　刷　シナノ印刷株式会社
　　製　本　シナノ印刷株式会社

日本音楽著作権協会（出）許諾第 2001641-001 号
© 2020 Akira Sugimoto, Haruhiko Mitsumoto, Junko Kawaguchi, Kumiko Dobashi　Printed in Japan
ISBN978-4-7998-0182-6　　C1037